父母越松弛，孩子越强大

吕郦 / 著

哈爾濱工業大學出版社
HARBIN INSTITUTE OF TECHNOLOGY PRESS

图书在版编目(CIP)数据

父母越松弛，孩子越强大 / 吕郦著 . — 哈尔滨：哈尔滨工业大学出版社，2025. 2. — ISBN 978-7-5767-1861-4

I. G782

中国国家版本馆 CIP 数据核字第 20257U6W15 号

艳|文|工|作|室

父母越松弛，孩子越强大

FUMU YUE SONGCHI, HAIZI YUE QIANGDA

策划编辑　李艳文　范业婷
责任编辑　孙　迪
封面设计　尚世视觉
出版发行　哈尔滨工业大学出版社
社　　址　哈尔滨市南岗区复华四道街 10 号　邮编 150006
传　　真　0451-86414749
网　　址　http://hitpress.hit.edu.cn
印　　刷　三河市天润建兴印务有限公司
开　　本　710 毫米 ×1 000 毫米　1/16　印张 12　字数 132 千字
版　　次　2025 年 2 月第 1 版　2025 年 2 月第 1 次印刷
书　　号　ISBN 978-7-5767-1861-4
定　　价　52.00 元

前言

古人云:“父母之爱子，则为之计深远。”意思是说，父母真心疼爱孩子，就要为他们做长远的打算。于是，无数家长在孩子还很小的时候就紧锣密鼓地准备起来，给孩子报了无数的兴趣班、补习班，从早教到升学，每一阶段都操碎了心。

他们害怕孩子掉队，害怕孩子输在起跑线上，只能被迫“卷”起来，拼尽全力为孩子打造一个看似完美的成长路径。这种充斥着高压和焦虑的育儿模式，真的能让孩子赢得未来吗?

越来越多的事实证明，答案是否定的。

在无数家庭中，我们可以看到同样的现象:被过度期待和高压包围的孩子，往往表现出焦虑、叛逆，有的甚至彻底“躺平”“摆烂”。他们渐渐失去对学习的热爱，在家长的指挥棒下逐渐迷失自我。那些原本天真烂漫、充满好奇心的孩子，变得谨小慎微、不敢冒险，因为他们从父母那里得到的不是信任和支持，而是“你必须时刻完美”的严苛要求。

这就是我们谈松弛感非常重要的原因。

松弛感不意味着放任或者懈怠，它源自内心的从容与平和。松弛的家庭氛围，能够给孩子带来足够的安全感，帮助他们在探索世界的过程中大胆尝试，而不是轻易被失败所吓倒。

本书中，我们会探讨那些育儿路上常见的误区：为什么疯狂“鸡娃”可能达不到想象中的效果？为什么过度的期望往往带来的是孩子的无望？

我们也会回答许多家长心中的疑惑：如何平衡“卷”和“松弛”之间的关系？如何在“躺平”与“奋斗”之间找到家庭教育的最佳节奏？

更重要的是，我们会帮助你了解孩子真正需要的是什么——不是更多的辅导班，而是父母坚定的信任与温暖的支持。

你会发现，父母越松弛，孩子反而会越自主、越有创造力。他们在自由中学会承担责任，在被允许犯错的过程中学会成长。真正的强大，不是无懈可击，而是内心的坚韧与自信。这种力量，往往源自一个松弛、开放的成长环境。

读完本书时，你或许会豁然开朗，发现你和孩子可以以一种更自然、更快乐的方式一起成长。现在，翻开这本书，开始你的“松弛育儿”之旅吧！做一个轻松、智慧、真正强大的父母。你的孩子，会因为你的松弛变得更加坚韧、勇敢和自信。

目录

第一章

“内卷”还是“躺平”

——松弛感是家庭最美好的样子

疯狂“鸡娃”，这些孩子还好吗 ---------- 002
躺平等于懒惰，别用“佛系”来掩盖惰性 ---------- 006
松弛感：家庭和谐的润滑剂 ---------- 010
家长那么“卷”，孩子喘息的空间在哪里 ---------- 014
“躺平”不是放养，奋斗不需要清单 ---------- 018

第二章

过高的期望，往往带来孩子的无望

——最好的教育，就是接受孩子的不完美

完美主义家长，先放过自己吧 ---------- 022
期望过高，小心把孩子压垮 ---------- 025
培养优秀孩子的第一步，就是接受他们的不完美 ---------- 029
让孩子成为人才，而非全才 ---------- 033
找到的优点远胜于培养的 ---------- 037

第三章

胆小又谨慎，孩子是怎么回事

——孩子的胆气源自父母给予的底气

父母越紧绷，孩子越谨慎 042

父母的容错率决定了孩子冒险的勇气 045

从“胆小鬼”到“小英雄”的蜕变之旅 049

不能出格，就不能出彩 053

爱是宽容与支持，而非枷锁 057

第四章

慢慢来，允许孩子活成“孩子”的模样

——“揠苗助长”式教育背后的隐患

教育最大的谎言：别让孩子输在起跑线上 062

别着急，成长是件有迹可循的事 066

允许孩子慢慢跑，别做急性子家长 069

花朵各有芬芳，只是花期不同 073

家长爱比较，孩子很焦虑 077

第五章

创造力的诞生

——呵护孩子自由的心灵与无边的好奇心

小心！别让“标准答案”扼杀孩子的创造力 082

疯狂的想法背后，可能是未来的创新天才 086

创造一个框架，只能得到另一个框架 090
听话，在某些时候是最糟糕的表现 093
呵护孩子的好奇心与探索欲 097

第六章

挫折教育≠打压式教育

——和孩子一起面对挫折，而非制造挫折

挫折教育，关键在教育而非挫折 102
与其“制造挫折”，不如“教会应对” 106
挫折教育有技巧，家长不是裁判，而是教练 110
创伤未必能让人变强，但一定会留下伤疤 114
笑着成长一定比哭着成长更好 118

第七章

孩子的强大，来自内心的安全感

——父母的松弛感，影响着孩子的安全感

孩子的内心“堡垒”，源自父母给的“松弛”守护 124
让孩子明白，“一切都没那么糟” 128
道理的大小有时比事情的大小更重要 132
父母愿意兜底，是孩子最大的底气 136
别让过度保护成为束缚孩子成长的枷锁 140

第八章

吃苦的本事与享受的底气

——父母最该教给孩子的，是“获得幸福”的能力

吃苦不是目的，成长才是真谛 144

帮助孩子找到内心的幸福源泉 148

让孩子在挫折中汲取力量与智慧 152

教会孩子，如何平衡吃苦与享受 156

幸福不是终点，而是持续的过程 160

第九章

孩子需要对话，而非命令

——心平气和，让沟通保持松弛感

命令的弊端：为何孩子抗拒被指挥 166

有效沟通的前提，是保持心平气和的松弛感 170

有些话，孩子只愿意告诉朋友 173

放下家长的架子，与孩子轻松交谈 177

沟通不只是结果，还包括过程 181

第一章

“内卷”还是“躺平”

——松弛感是家庭最美好的样子

疯狂“鸡娃”，这些孩子还好吗

场景回放

小雨刚上小学四年级，妈妈就已经开始为她的“小升初”做准备了，什么补习班、兴趣班，统统安排上！

每天放学，别的孩子都能轻轻松松地嬉戏玩耍，小雨却要背着沉重的书包，匆忙地赶往下一个补习班。即使到了周末，小雨的时间表也被安排得密密麻麻：上午学习奥数，下午学习钢琴和舞蹈，晚上补习英语作文。这让小雨几乎没有自己的时间。

除了密集的课程外，妈妈对小雨的学习成绩要求也非常高。一次，小雨在钢琴课上弹错了几个音符，被老师批评了几句。妈妈知道后很不高兴，不仅没有安慰小雨，还严厉地斥责她说：“你看看别的小朋友进步多快！你再这么下去，考级时怎么办？”小雨低着头，泪水在眼眶中打转，却不敢反驳。

渐渐地，小雨变得沉默寡言，原本对学习的热情也在渐渐消磨殆尽。有时候，小雨会忍不住地怀疑自己：是不是自己太笨了，所以无论怎么努力，都无法达到妈妈的期望？她的眼神不再明亮。每每想到无穷无尽的补习班、兴趣班，她的心里只有深深的疲倦和迷茫……

孩子到底怎么了

如今，“不能输在起跑线上”已经成为许多家长心中的金科玉律。于是，像小雨妈妈这样“鸡娃”的家长越来越多。所谓“鸡娃”，是指家长通过持续施压与制订密集的学习计划，试图在教育中压榨出孩子的潜能，力图让孩子成为“全能型”选手。

然而，这种高压式的教育效果往往适得其反。小雨的故事并非特例，很多孩子在这种环境中失去了学习的兴趣与探索的动力。他们变得小心翼翼，生怕一点错误与失败就会换来父母的责备与失望，甚至不敢再尝试新的事物。然而，努力学习的目的不仅仅是获得好的分数和名次，它更是探索世界、发现自我、激发创造力的过程。

孩子的成长不仅是知识的积累，还是兴趣的发掘与自我认知的形成。如果家长一味地追求“赢在起跑线上”，不断地给孩子灌输不能失败的观念，他们会逐渐失去生活的乐趣与热情，变得机械而麻木。相反，如果家长能适时放手，让孩子在宽松的环境中自由探索，那么孩子会更容易找到属于自己的人生方向，快乐、幸福地成长，或许还会成就一番令人羡慕的事业。

爸爸妈妈的教育笔记

✧ 适当降低期望，给孩子成长的空间

适度的压力能够激发孩子的潜力，但过度的压迫只能折断孩子飞翔的羽翼。父母对孩子有所期许，这是非常正常的，但父母的期许不应成为孩子肩上的重担，而应成为温暖的激励。家长可以适当调整对孩子的要求，更多地关注他们的兴趣和特长，而不是非要逼迫孩子事事做到完美。这样，孩子才能在没有沉重压力的环境中自由成长，找到自己真正擅长和热爱的事情。

✧ 尊重孩子的节奏，允许他们犯错

每个孩子的成长节奏不同，父母需要认识到这一点。而且，不要因为害怕孩子落后，就给他们施加过多压力，让他们对学习和探索产生畏惧。学习本就是不断试错的过程，要允许孩子犯错，这是他们成长的重要组成部分。作为家长，要懂得为孩子营造宽松的学习环境，帮助他们从错误中吸取经验，培养独立思考和解决问题的能力。这才是真正有益于孩子的教育。

✧ 重视孩子的心理健康，关注内在成长

学业进步固然重要，但孩子的心理健康和情感成长同样关键。当孩子感到压力过大或情绪低落时，父母应及时给予支持和引导。要多关注孩子的内心世界，让他们知道自己不只是为了父母的期望而活，努力寻求内心的平衡与快乐。

躺平等于懒惰，别用“佛系”来掩盖惰性

场景回放

和大多数喜欢“鸡娃”的家长不同，刘女士是个奉行“佛系”教育理念的家长。不过，最近这段时间，刘女士发现儿子小辉似乎过分“松弛”了些，心里不禁暗暗焦急起来。

小辉正在上五年级，这学期开学后，刘女士感觉到他的学习热情明显下降很多。每天放学后，同学们都在教室里复习或参加补习班，小辉总是早早回家，躺在沙发上刷手机，对学业毫不上心。

结果，期中考试成绩一出，小辉成绩大幅下滑，刘女士试图和小辉沟通，但小辉却不耐烦地说：“学习又不是生活的全部，我不想追求那些有的没的，只想‘佛系’一点。”

小辉的态度让刘女士备感困惑。他以前总是积极参加班级活动，学习态度也比较积极。可现在，无论做什么事情，似乎总是提不起兴趣，懒懒散散的，还常常把“佛系”挂嘴边，心安理得地“躺平”。

孩子到底怎么了

“躺平”和“佛系”是许多年轻人面对高压生活的“新标签”，但这看似轻松的表象背后，往往隐藏着对未来的焦虑、对现实的逃避和对失败的恐惧。很多时候，人们口中的所谓“躺平”，其实并非真正的内心平静，更多的是对挑战的回避和无作为。

很多时候，当孩子用“佛系”来掩盖自己的懒惰时，实际上是在用冷漠和消极来抵御内心的不确定感。他们害怕即便努力了也达不到预期结果，害怕失败后父母会失望，于是干脆直接选择不努力，似乎这样就能躲开所有的失望或批评。这种心态或许在短期内能带来片刻的安慰，但从长远来看，却会逐渐吞噬孩子的自信心和对未来的希望。

作为家长，我们在陪伴孩子成长的道路上，不仅要为孩子提供温暖的庇护所，更要在关键时刻为孩子提供鼓励与引导。我们要让孩子明白，努力不是为了迎合父母，而是不辜负自己，挖掘潜能，实现梦想。

爸爸妈妈的教育笔记

✧ 引导孩子发现内在动机，激发奋斗精神

想要改变孩子“躺平”的心态，一味地逼迫和批评是不可取的，家长应该帮助他们找到内在动力。比如，深入沟通，了解孩子的兴趣和目标，让他们明白每一份努力都是在朝自己的梦想靠近，而不是为了满足家长的期望。当孩子找到内在动力后，他们才会真正愿意投入学习和生活。

✧ 塑造积极的榜样，让孩子克服惰性

家长是孩子最好的榜样。父母在生活中展现出什么样的状态，对孩子是有深远影响的。因此，要让孩子克服惰性，父母首先必须克服惰性，在孩子面前展现出积极进取的精神面貌。比如，和孩子分享工作中的挑战与成就，向孩子传递奋斗的重要性，潜移默化地帮助他们意识到：成功并非天上掉下来的幸运，而是每一次努力的积累。

✧ 设立小目标，逐步打破“躺平”心态

对于已经习惯“躺平”的孩子，家长可以帮助他们设立一些小目标，鼓励他们一点点去实现。比如，每天固定一小时用于学习，之后再逐渐增加学习任务。通过完成小目标，孩子会逐渐找回成就感，增强自信心，重新点燃对未来的激情。真正的“佛系”，不是逃避困难，更不是放弃奋斗，而是一种源自内心的平和。

松弛感：家庭和谐的润滑剂

场景回放

乐乐性格活泼可爱，是家里的“开心果”。但最近一段时间，不知道为什么，家里的气氛总是紧张兮兮的。每天放学回家，刚一进门，乐乐就能听到妈妈在厨房忙碌的声音，紧接着便是一连串的催促：“作业写完了没有？钢琴练了没有？下个月钢琴考级了，千万别放松练习！”

乐乐放下书包，想和妈妈说说学校里发生的趣事，可还没开口，就看到妈妈一脸的焦虑和催促。好不容易到了周末，以为终于能轻松一下了，结果妈妈早就安排了满满当当的学习任务，甚至还给乐乐报了英语学习班。

“这个周末，我们好好学习吧！你看这次测验成绩不理想，咱们得抓紧了。”听着妈妈语气中的严肃和不容置疑，乐乐沮丧地低下了头。

渐渐地，乐乐的笑容越来越少，妈妈看在眼里，疼在心里，可一想到他不上不下的成绩，又忍不住焦虑起来，继续催促着他努力学习。

孩子到底怎么了

很多家长因为生活和工作压力，会无意中把焦虑和紧张的情绪带回家，甚至希望孩子也保持同样的紧张状态，把时间和精力都投入学习中，让未来更有保障。但实际上，父母焦虑的情绪是很容易传递给孩子的。尤其在小学阶段，孩子正处于情感和认知发展的关键期。对于孩子来说，家庭是他们成长的重要环境，如果家里长期处于高压状态，营造的是紧张的氛围，孩子不仅会感到压抑，还会影响其学习效率和心理健康。

如果家庭氛围多一份松弛感，那么对孩子的成长来说，反而更有好处。所谓松弛感，不意味着对孩子的教育松懈，而是一种适度的宽容和放松。松弛的家庭环境可以帮助孩子缓解紧张情绪，促进亲子关系，也能增强他们的自主性，提高学习积极性。

试想，如果父母能够用松弛的心态教育孩子，尤其是在孩子犯错或遭遇挫折时，那么他们就会形成这样一种认知：失败并不可怕，挫折也没什么大不了的。在这样的环境中，孩子更容易培养出乐观和坚韧的心态，勇敢迎接生活中的挑战。

爸爸妈妈的教育笔记

✧ 营造宽松的家庭氛围，鼓励孩子自信表达

松弛感需要通过日常互动慢慢积累。父母可以通过微笑的表情、轻松的语气和开放的态度，表达对孩子的支持，让孩子感受到，无论成功还是失败，家庭始终是他们最安全、最温暖的港湾。这种宽松的环境能让孩子面对困境时更从容、自信，也更愿意与家人分享自己的想法与感受。

✧ 把失败当作生活的一部分，用轻松化解压力

在成长的道路上，失败和挫折在所难免。如果家长能以幽默、轻

松的方式面对孩子的失败，孩子就不会过分沉湎于消极的情绪之中。比如，当孩子测验成绩不理想时，家长可以轻松地说："这只是一个小插曲，我们一起找找问题，下次肯定会更好！"这样的态度能让孩子学会从失败中吸取经验，而不是因为一次挫败就彻底否定自己。

✧ 培养乐观心态，帮助孩子看到问题的积极面

在日常生活中，家长要引导孩子看到问题的积极面，而不仅仅只关注结果。比如，当孩子因为比赛没有获奖而感到失落时，家长可以引导他们发现比赛过程中的收获，告诉他们，努力的过程远比单一的结果更有价值。这样的引导能帮助孩子建立更强的心理韧性，让他们以更加积极的态度面对困难和挑战。

家长那么“卷”，孩子喘息的空间在哪里

场景回放

暑假本应是孩子们尽情放松的时光，但对小辰来说，远没有那么轻松。他的妈妈是一名非常“卷”的家长，深信“不能让孩子输在起跑线上”。

为了让小辰在竞争中保持优势，早在暑假还没有开始前，妈妈就已经给他安排好了满满的课：上午是数学辅导班，下午是英语强化课，晚上还有编程课程。这样一天下来，小辰感觉自己比上学的时候还累，丝毫没有喘息的空间。

这天傍晚，因为老师有事请假，小辰好不容易可以不去上编程课，本以为终于能放松一下，可没想到，妈妈直接给他安排了一堆作业。看着邻居家的孩子在院子里自由玩耍，小辰眼中闪过一丝羡慕，忍不住问妈妈：“我可以像他们一样，出去玩一会儿吗？”

结果，妈妈皱紧眉头，斥责道：“现在学习任务这么重，哪儿有

时间玩？学习这些课程，都是为了让你将来有好的出路，你现在不努力，将来就会后悔。”

听到这些话，小辰沉默了，不再说什么，默默地低下头继续做题。他知道，一旦停下来，等待他的就是父母失望的叹息和责备的眼神。那一刻，小辰心里充满困顿和无奈，却只能悄悄地在心里叹息：“什么时候，我才能有真正属于自己的时间？”

孩子到底怎么了

如今，家长之间的“内卷”愈演愈烈，越来越多的父母因为担心孩子输在起跑线上，不惜在孩子的教育上投入大量的时间、精力和金钱，试图通过课外培训和补习的方式，确保孩子能在竞争中保持领先状态。

然而，这种“卷”不仅让家长承受了沉重的心理负担，也给孩子带来了巨大的压力。这种教育方式虽然出发点是为了孩子的未来，但在无形中，也剥夺了孩子自由探索的机会和对生活的热情。

孩子需要的是平衡的成长环境，而不是被过度卷入学业竞争的焦虑之中。小学阶段，孩子正处于自我意识和兴趣发展的关键期，过度的压力可能会让他们失去对学习的兴趣和探索的动力。他们需要时间去玩耍，去感受生活的美好，而不是在繁忙的学习任务和家长的高期望中逐渐被压垮。

爸爸妈妈的教育笔记

✧ 松弛一点，让孩子有喘息的空间

家庭是孩子成长的第一环境。如果家长在教育上过度“卷”，孩子很难找到喘息的空间。要知道，在成长的过程中，适度放松和休息对孩子的身心健康同样重要。家长应该学会松弛，避免对孩子的成绩过度关注，允许他们拥有自由的时间，去玩耍、去探索、去感受生活的乐趣。毕竟，真正的成长不仅仅来自课堂和培训班，还来自生活中的点滴体验。

✧ 关注孩子的心理状态，避免“卷”出负面情绪

过度的学业压力不仅会降低孩子的学习兴趣，还可能导致孩子产

生负面情绪。小学阶段的孩子可能难以用语言表达他们的压力和疲惫，家长需要关注他们的情绪变化，及时给予关心和支持，避免孩子在过大的压力下逐渐封闭自己，甚至失去对学习的兴趣。

✧ 尊重孩子的兴趣，给予自由选择的权利

孩子是独立的个体，不是父母定制的产品。家长要懂得尊重孩子的兴趣，了解孩子真正的爱好，并在他们表达兴趣时给予鼓励和支持，让他们有时间追求自己喜欢的事物。这不仅能让孩子在学习中保持乐趣，还能帮助他们在生活中找到成就感与自主性，变得更加独立。

✧ 注重劳逸结合，平衡好学业与生活

孩子的成长不仅体现在学习成绩上，其他方面的发展同样重要。家长可以开展丰富的家庭活动、亲子互动，培养孩子的业余爱好，让孩子在学习之外也有机会体验生活的多样性。比如，周末安排一些家庭游戏、户外运动或手工活动，让孩子在轻松愉快的氛围中找到学业与生活的平衡。

“躺平”不是放养，奋斗不需要清单

场景回放

新学期刚开始，小强就收到了妈妈为他量身定制的“奋斗清单”，上面详细列出了小强每天需要完成的作业、复习的科目、阅读的书目，以及课外班的时间安排。

小强是个聪明伶俐的孩子，但性格比较跳脱，不管做什么事情，只要没有人盯着，就不愿意主动完成任务。每次妈妈给他布置学习任务，他都是“应付”，只要妈妈不在，他就会玩手机、看电视，或者发呆。为了让小强有个清晰的学习目标，妈妈特意为他制作了这个“奋斗清单”。

每天早上，妈妈都会把清单贴在小强的房门上，叮嘱他：“你今天必须完成这些任务，别想偷懒。”小强总是点头答应，但只要妈妈一离开，他就开始拖延，甚至经常熬到截止时间前才“临时抱佛脚”。

对于这张“奋斗清单”，小强心里充满排斥的情绪，根本没有动力去做这些事情。他不知道该如何面对这日复一日的任务，更不理解为何“奋斗”总是被强制安排在一张表格里。

孩子到底怎么了

在很多家长看来，为孩子制定一张详细的“奋斗清单”，是帮助他们合理规划时间、提升效率的一种有效方式。然而，对于小强这样性格本就比较跳脱的孩子，这种高度结构化的安排只会让他们感到无尽的束缚和疲惫。清单中的每项任务看似具体、明确，却将奋斗变成了机械化地完成任务，忽略了孩子内在动力的培养。

奋斗并不是机械式地执行清单任务，真正的奋斗来源于孩子内心对目标的认同和渴望。孩子需要明白，自己为什么奋斗，付出努力的意义是什么。当孩子找到自己真正感兴趣的事情时，哪怕没有“清单”和“任务”的束缚与鞭策，他们也会自发地去努力、去奋斗。

爸爸妈妈的教育笔记

✧ 放下“清单”，培养孩子的自主性

家长给孩子制定奋斗目标固然重要，但更关键的是让孩子学会自主规划学习和生活。过于依赖清单，只会让孩子觉得奋斗是外在的要求，而不是自己内心的选择。家长可以通过引导孩子自主规划，让他们逐渐学会时间管理，建立起责任感，培养出内在的学习动力。

✧ 引导孩子设定目标，增强成就感

奋斗的关键并非一味地执行任务，而是要让孩子感到自己的进步和成长。家长可以与孩子共同讨论，为他们设定一些切合实际的小目标，而不是将目标强加给他们。比如，家长可以问孩子：“你这周想在什么方面有所进步？咱们怎么一起努力呢？”通过这种方式，孩子不仅能更好地认同目标，还能在完成目标后体验到成就感。

✧ 帮助孩子理解奋斗的意义，而不仅仅是达成目标

奋斗的过程不仅仅是为了完成某些具体的任务，更重要的是让孩子明白为什么要努力，奋斗的意义是什么。家长可以与孩子分享奋斗背后的价值观，比如责任感、坚持和追求进步，帮助孩子理解奋斗不是“苦行”的过程，而是为了实现心中的理想与目标。

第二章

过高的期望，往往带来孩子的无望

——最好的教育，就是接受孩子的不完美

完美主义家长，先放过自己吧

场景回放

试卷发下来后，小诺看着鲜红的“98”分，心里非常高兴，满心欢喜地认为妈妈会为她感到骄傲。

然而，放学回家后，当她迫不及待地把试卷递给妈妈时，却没有得到想象中的夸奖。妈妈扫了一眼分数后，便皱起眉头对小诺说：“你怎么会犯这么低级的错误？这两个错题完全可以避免啊！”

听出妈妈语气中的失望和责备，小诺脸上的笑容顿时就消失了，心中涌上一丝委屈。妈妈没有在意小诺突然低落的情绪，而是继续在试卷上圈圈画画，指出每一个小错。

几天后的家长会上，老师在所有家长的面前表扬了小诺，称她表现突出，是班里的榜样。听到老师的夸奖，小诺心中涌起一丝自豪，悄悄瞥了妈妈一眼，期望能看到她的微笑。然而，妈妈依旧面无表情，没有丝毫的放松或欣慰，仿佛老师的夸奖和小诺的努力都无足轻重。

小诺不明白，为什么不管自己怎么努力，都无法获得妈妈的认可和夸奖。她的自信在妈妈严苛的要求与过高的期待中逐渐瓦解……

孩子到底怎么了

完美主义的家长总是期望孩子在各个方面都能做到尽善尽美，他们永远只盯着目标的达成和成绩的高低，却忽视了孩子为之付出的努力与心血。他们总是认为，只要孩子再多努力一点，就能更加“完美”。

然而，这种追求完美的态度，往往只会给孩子带来无尽的压力与伤害，让孩子感觉自己似乎无论付出多少努力，都无法达到父母的期望，最终失去对学习的兴趣和对自我的认同。

成长本就是一个充满试错和探索的过程，错误和失误恰恰是宝贵的学习经验。家长应以宽容的心态面对孩子的失误，引导他们从中吸取教训，鼓励他们继续前行。

爸爸妈妈的教育笔记

✧ 学会接纳“不完美”，放过自己，也放过孩子

完美主义的家长在苛求孩子的过程中，往往也在给自己施加压力。实际上，每个人都会有局限和缺点，家长是这样，孩子也是这样。只有当家长学会以宽容和理解的心态面对自己的不完美时，才能以同样的心态对待孩子。请记住，教育孩子的关键，不在于让他们无懈可击，而在于让他们在不完美中学会成长。

✧ 关注孩子努力的过程，而不是成绩

成长是一个过程，而不是一个结果。比起孩子取得什么样的成绩，家长更应该关注的，是他们在这一过程中付出的努力。当孩子因失误未能取得理想成绩时，家长应更多地肯定他们的付出与进步，这样的支持不仅能增强孩子的自信心，还能激发他们的内在动力。

✧ 用鼓励代替指责，培养孩子的自信心

在成长过程中，孩子犯错是在所难免的，家长应以理解和宽容的态度面对孩子的失误，用鼓励代替指责，引导孩子从错误中吸取经验，勇敢尝试新方法，去努力探索，去迎接挑战。孩子自信心的形成，不是因为不犯错误，而是在错误中也依然能感受到家长的信任和支持。

期望过高，小心把孩子压垮

场景回放

朵朵从小就是个乖巧、懂事的孩子，成绩也一直名列前茅，是典型的“别人家的孩子”，谁见了都得夸上几句。朵朵的爸爸妈妈对她也一直寄予厚望，希望她能取得更好的成绩，考入最好的中学，为将来的学业打下坚实的基础。

为此，妈妈给朵朵制订了详细的学习计划：放学回家后要完成学校的作业，预习第二天的课程，晚上还要再做两套练习题。周末，朵朵也没有时间休息，上午是奥数课，下午参加英语口语培训，晚上要练习钢琴。

虽然学习很辛苦，但朵朵一直很懂事，每天都按照妈妈的安排学习。可渐渐地，朵朵发现，妈妈对她的期望实在太高了。无论她怎么努力，取得多大进步，妈妈都会告诉她：“朵朵，你那么优秀，一定可以做得更好，再加把劲儿，妈妈相信你！”

一次数学测验，因为最后一道大题实在太难了，朵朵没有解出来，成绩不是很理想。妈妈没有责怪朵朵，而是温柔地对她说道："这一定不是你的真实成绩，是不是哪里没有复习到，还是没有发挥好？没关系，妈妈相信你下次一定不会再犯同样的错误。"

听到这些鼓励的话，朵朵并没有感到高兴，反而感觉压力倍增。因为她很清楚，这就是自己的真实成绩。她很担心，自己无论怎么努力，可能都无法达到妈妈的期望。

渐渐地，朵朵变得情绪低落，学习也常常心不在焉，有时甚至在做题时突然就哭起来，觉得自己不能满足妈妈的期望。她感觉自己仿佛背负着一座无形的大山，被压得喘不过气来。

孩子到底怎么了

望子成龙、望女成凤，是很多家长的期望。但当父母的期望超出孩子的实际能力时，就会成为一种无形的压力，给孩子带来难以承受的心理压力，压得他们喘不过气。

孩子的心理承受能力不如成人强大。家长一次次地提出更高的要求，孩子可能会觉得自己永远无法达到父母的期望，进而失去自信心，甚至对学习和生活产生厌倦情绪。过高的期望不仅会增加孩子的焦虑，还会让他们面对失败时感到无比沮丧，认为自己不够好，从而陷入自我怀疑的恶性循环。

面对这样的情况，家长如果不及时调整对孩子的期望，孩子的心理健康和学习动力都会受到严重影响。

爸爸妈妈的教育笔记

✧ 客观看待孩子的实际能力，适度调整期望值

家长对孩子的期望固然重要，但这些期望必须建立在孩子的实际能力和个性基础上。每个孩子都有不同的成长节奏和潜力，家长应当根据孩子的实际情况，设定合适的目标，而不是一味追求成绩上的卓越。适当的挑战能够激发孩子的潜力，而过高的期望只会让孩子备感压力，甚至丧失对学习的兴趣。

✧ 关注孩子心理健康，避免过度施压

小学阶段的孩子正处于情感和心理发展的关键时期，他们对外界的压力反应非常敏感。家长在追求孩子成绩提升的同时，也应该关注他们的心理健康。如果孩子表现出焦虑、情绪低落或学习兴趣减退等问题，家长应及时与孩子沟通，了解他们内心的想法。通过建立良好的亲子关系，家长可以更好地帮助孩子缓解心理压力，让他们在学习中找到更多的乐趣和成就感。

✧ 给孩子留出自由空间，鼓励他们自我探索

高期望往往伴随着严格的时间管理和紧凑的学习计划，孩子很少有属于自己的时间。家长应当给孩子留出一定的自由空间，让他们自主安排学习和休息的节奏，体验不同的活动。这不仅能够帮助他们缓解学习压力，还能让他们找到真正热爱的事物，激发内在的学习动力。

培养优秀孩子的第一步，就是接受他们的不完美

场景回放

看着成绩单上一连串不及格的分数，小石头的妈妈无奈地叹了口气。小石头是个非常乖巧的孩子，但头脑确实不怎么聪明，尤其是在学习方面，总是比别人慢半拍。

刚开始的时候，为了帮助小石头提高成绩，妈妈给他报过不少补习班。小石头也非常努力，让上课就乖乖上课，让写作业就乖乖写作业。可不管怎么折腾，他就是“不开窍”，该不及格还是不及格。

虽然小石头在学习上确实少了那么一点天赋，但他非常擅长绘画。每次班级有美术活动，小石头都能创作出令人惊叹的作品，美术老师常常称赞他是“未来的艺术家”。

一次家庭会议中，妈妈终于意识到，不能总是让小石头在他不擅长的领域感受到压力。因此，她决定和小石头爸爸一起，调整对小石头的期望，把重点放在发掘他的艺术天赋上，不再强求他非得门门功

课都做到最好。

从那以后，爸爸妈妈开始更加关注小石头的绘画才能，带他参加各种美术比赛和艺术展览，为他提供更多的创作机会。在其他学科上，他们降低了对小石头的期望，只要每次都有所进步就行。

如今，虽然小石头的学习成绩依旧平平，但他已经参加过几次美术大赛，并成功地获得了重量级的荣誉奖项。

孩子到底怎么了

每个孩子都是独一无二的个体，拥有自己的天赋、兴趣和不足。

家长如果总是站在高处评判孩子的不完美，要求他们在每个领域都做到无懈可击，那么不仅会剥夺孩子探索自我的机会，还会导致他们在内心深处种下自我否定的种子，以为只有达到父母的标准，自己才值得被爱，才是“足够好”的。

一个真正优秀的孩子，不是那个在各个方面都完美无瑕的“全才”，而是能够在接受自己不完美的同时，不断追求进步的人。接受孩子的不完美，不仅是对孩子的尊重，更是对他们独特个性的认同。

当孩子感受到家长的宽容与接纳时，他们会更加自信地面对每一个挑战，勇敢追求自己的梦想，而不是活在父母的影子里。

爸爸妈妈的教育笔记

✧ 欣赏孩子的独特性，而不是盲目追求完美

每个孩子都有自己的优点和缺点，家长要学会从孩子的角度看问题，欣赏他们身上的独特之处，而不是一味地把他们与他人做比较。对于孩子的兴趣与特长，家长应当给予尊重和支持。只有在被认可的环境中，孩子才能自由地释放他们的创造力与潜力。

✧ 认清孩子的个性和天赋，因材施教

每个孩子都有自己独特的优势和短板，家长应当认清孩子的个性与天赋，因材施教。就像小石头，虽然他不擅长学习，成绩也非常一般，但却在绘画方面有着惊人的天赋。面对这样的情况，家长应该更多地鼓励孩子发展优势领域，为孩子提供更多展示才能的机会。至于

孩子的短板，家长不应过分苛求，而是给予适度的帮助和引导，让孩子在擅长的领域获得自信，同时在弱项上慢慢进步。

✧ 给予足够的支持和理解，帮助孩子面对不足

面对自己不擅长的领域时，孩子往往会感到挫败和压力。家长在教育孩子时，应该学会接纳他们的不完美。通过关注孩子的努力和进步，家长可以帮助他们在优势领域发展，并在弱项上有所提升。优秀不是完美无缺，孩子的成长需要家长的包容与引导。学会接纳孩子的不完美，正是培养优秀孩子的第一步。

让孩子成为人才，而非全才

场景回放

杜明的妈妈是个精力充沛的家长，总希望孩子能够全面发展。于是，她给杜明安排了许多补习班、兴趣班，语文、英语、数学一科都不能少，钢琴和书法课也要上。这可让杜明头疼坏了。他对这些课程一点儿兴趣都没有，将来他想要成为一名伟大的职业足球运动员！

是的，杜明喜欢踢足球，他在这方面也确实很有天赋，五年级的时候就成为校足球队的队长，每次参加比赛都能带领球队取得亮眼的成绩。但在学业上，杜明的表现就没有那么突出了，尤其是英语和数学。对此，妈妈感到非常焦虑。尤其是看到其他家长夸耀自家孩子成绩优秀、才艺出众时，妈妈就更加急迫地希望杜明也能在这些领域表现优异。

杜明不止一次地向妈妈抗议："妈妈，我不喜欢上补习班，也不想弹钢琴，只想踢球。"

妈妈却说："你球已经踢得很好了，该在学习上多花点时间了，补下你的薄弱科目，这样才能全面发展呀！"

可是，随着学习任务的增加，杜明的学习成绩也没有显著提高。他原本喜爱的足球也因为要上各种补习班和兴趣班而被迫压缩训练时间，参与的比赛也越来越少。杜明内心充满无奈和压力，他不明白自己为什么一定要"全面发展"，而代价却可能是失去自己最爱的足球。

孩子到底怎么了

在如今的家庭教育中，许多家长都有培养全才的梦想，希望孩子在学业、艺术、体育等各个领域都能出类拔萃，于是拼命地给孩子安排各种培训班，期待孩子能够在每个领域都做到最好。

但事实上，每个孩子都有独特的天赋和兴趣，盲目追求所谓的全面发展，只会让孩子在多重压力下感到疲惫和迷茫。要知道，人才不等于全才。一个真正优秀的孩子，不在于掌握了多少技能，而在于能在自己热爱的领域发光发热。

家长也不应该把孩子塑造成“全能”的工具，而应该帮助他们发现自己的兴趣所在，并在这个过程中给予支持和鼓励，让他们在自己热爱的领域寻找到真正的成就感和幸福感。这才是成长真正的意义。

爸爸妈妈的教育笔记

✧ 发现孩子的天赋，给予格外的支持

每个孩子都有自己独特的天赋和兴趣，家长应当通过观察和鼓励，帮助孩子发现他们真正擅长的领域。就像杜明，他明显在体育方面有很高的天赋，家长可以通过支持他参加足球训练和比赛，帮助他在这个领域取得更大的进步。与其让孩子在每个领域都表现“及格”，不如让他们在自己热爱的领域全力以赴，取得优异的成绩。

✧ 不必苛求全面发展，重视兴趣培养

全面发展固然重要，但每个孩子都有自己的个性和优势，家长不必过于追求全面发展。过多的补习班和才艺培训，只会让孩子感到疲惫和压力重重，甚至对学习产生抵触情绪。相反，如果家长能够学会尊重孩子，让他们在感兴趣的领域自由探索，那么在兴趣的引导下，孩子可能会更加主动地学习和实践，甚至在某一领域脱颖而出，成为真正的人才。

✧ 给予孩子成长的空间，避免过度干预

成长就像一种“私人定制”，顾客最需要的，不是专业性的指导和选择，而是满足自己内心真正的渴望与需求。如果不能做到这一点，不管最终呈现出来的作品有多么优秀、多么完美，也不过是一件失败品罢了。所以，家长不应将自己的期待强加在孩子身上，而是要对孩子给予尊重和支持，为他们提供成长的空间，让他们遵从自己的心意，获得真正属于自己的“私人定制”。

✧ 培养孩子的专注力，让他们在某一领域精进

成功往往来自对某一领域的专注和持续投入。家长可以引导孩子在某一擅长的领域精进发展，培养他们的专注力和坚韧精神。无论是体育、艺术还是学术，只要孩子在某一方面有了突出表现，他们都有可能在未来成为优秀的专业人才。

找到的优点远胜于培养的

场景回放

佳佳是个安静、内向的孩子。每次家庭聚会，她总是坐在角落里安静地看书，几乎不和其他小朋友玩耍。这让妈妈感到非常担心，总觉得女儿性格过于内向，将来在社交方面肯定会吃亏。

为了弥补女儿这方面的“短板”，妈妈尝试给佳佳安排了各种社交活动，带她参加舞蹈班和演讲培训班，甚至报了跆拳道课，希望这些活动能让佳佳变得更加自信、开朗。

然而，佳佳没有表现出对这些活动的热情。每次去上课，她都显得有些抗拒。虽然每次妈妈问她“你喜欢今天的课吗”，佳佳总是微笑着点头，但眼神中却透露出一丝疲惫和勉强。

一天，佳佳的班主任邀请家长参加课堂展示活动。妈妈本来没有抱太大期待，但没想到，在语文课上，当老师要求学生分组讨论并分享自己对课文的看法时，佳佳却表现得异常出色。她不仅对文章的主题分析得非常透彻，还从细节出发，提出十分独到的见解。课后，老师告诉妈妈：“佳佳对文学有着非常敏锐的触感，她的表达虽然不多，但每次发言都非常有深度。”

听完老师的话，妈妈突然意识到，佳佳的天赋其实不在于那些需要在台前表现的活动，而在于她敏锐细致的观察和思考。反思自己的一些做法后，妈妈决定不再强迫佳佳参加她不感兴趣的活动，而是为她创造更多的能够提高思考和表达能力的机会，比如带她参加读书会，鼓励她写读书笔记等。

后来，佳佳在学校的语文作文比赛中获得了一等奖。她的文章逻辑严密、主题鲜明，得到了评委老师的一致好评。妈妈这才明白，有时候，与其费尽心思“培养”孩子的优点，不如试着发现和支持孩子的长处。

孩子到底怎么了

很多家长在培养孩子时，会有一个先入为主的期待：我想让孩子成为一名科学家；我希望孩子将来成为一名医生；我觉得孩子很适合做光荣的人民教师；我的孩子口才那么好，不做律师可惜了……

然而，事实上，孩子的很多优点其实早已存在于他们的性格和兴趣中。他们本身就有着独特的天赋和兴趣，只是需要家长用心发现，而不是一味地通过外界的训练来“塑造”。

每个孩子都有属于自己的闪光点，发现孩子的优点远胜于一味地培养那些不属于他们的“优点”。如果家长能多花一点时间了解孩子，鼓励他们在真正擅长的领域发展，这种支持必然会给孩子带来无与伦比的自信和成长动力。培养孩子的真正意义，不在于让他们成为某种标准化的“人才”，而在于帮助他们在自己的专属领域发光发亮。

爸爸妈妈的教育笔记

✧ 认真观察，发现孩子的自然优势

家长应该更多地关注孩子在日常生活中的表现，而不是一味地通过课外培训和辅导班塑造所谓的优点。通过认真观察，家长可以发现孩子在哪些领域表现得更为自如和出色。比如像佳佳这样的孩子，他们可能不擅长外向表达，但却在思考和逻辑推理上有着独特的天赋。家长应用心观察孩子的自然优势，并在这些领域给予他们更多的支持和鼓励。

✧ 尊重孩子的个性，避免强行“培养”

孩子的天赋和兴趣各有不同，家长不应为了某些流行趋势或自己的期待而强行要求孩子发展某些能力。培养孩子的优点固然重要，但如果强迫孩子参与他们不感兴趣的活动，反而会让他们失去热情和动力。家长应该尊重孩子的个性，理解他们的兴趣所在，避免让所谓的全能成为孩子的负担。尊重孩子的兴趣，才能真正发现并发展他们的优点。

✧ 不要过度依赖培训班，要重视家庭环境的引导

家长不应过度依赖课外培训班来塑造孩子，家庭环境的引导同样重要。家长可以通过与孩子交流、鼓励孩子参加家庭活动等方式，帮助孩子发现自己的长处。家庭是孩子成长的重要环境，家长的支持和理解能让孩子感受到安全和舒适，从而更勇敢和自由地开发自己的天赋，发展自己的兴趣。

第三章

胆小又谨慎，孩子是怎么回事

——孩子的胆气源自父母给予的底气

父母越紧绷，孩子越谨慎

场景回放

“你这些字怎么写得大大小小的，太不整齐了，重写一遍！”

看着妈妈用橡皮擦把自己刚写了一半的小作文全部擦掉，陶宇无奈地叹了口气。

陶宇的妈妈是个非常认真的人，从小就对他严格要求，特别是在学习和生活习惯上。每天放学回家，陶宇的作业都要经过妈妈的仔细检查，甚至连写字的笔画、字形是否标准，都在妈妈的检查范围之内。每次做题之前，妈妈都会在一旁嘱咐：“要仔细一点，别出错，做题后多检查几遍。”在这样的环境中，陶宇渐渐变得特别“谨慎”，甚至有些畏手畏脚。

一次，在上手工课时，老师要求同学们动手做一个简单的拼图。其他同学很快就在试探和摸索中完成了作品，唯有陶宇显得异常紧张。他总是不断地确认每一步是否准确，拼图的边角是否对齐，甚至不敢随意选择颜色搭配。结果，直到下课，陶宇都没有完成拼图。

孩子到底怎么了

很多家长认为，严格要求才能帮助孩子培养良好的习惯，形成细致的态度。于是，他们从细枝末节开始，一丝不苟地纠正着孩子的一切行为，生怕他们犯一点儿错。殊不知，这种过于严苛的要求，只会让孩子越来越怕犯错，从而变得畏首畏尾，甚至失去探索和创新的勇气。

其实，在孩子的成长过程中，犯错是难以避免的。正是通过这些错误，孩子才能学会如何解决问题、调整策略，从而获得进步。过度紧绷的家庭环境只会让孩子陷入对错误的恐惧之中，害怕受到责备，形成一种“自我防御”的心态，不愿冒险，不敢创新。

爸爸妈妈的教育笔记

✧ 适度放松要求，允许孩子犯错

家长对孩子的要求不应过于苛刻。过度严格可能会让孩子变得畏惧错误，失去学习和尝试的动力。父母可以在日常生活中适当放松要求，允许孩子在尝试中犯错。比如，当孩子做手工时，家长可以鼓励他说：“不一定要完美，尝试一下不同的颜色搭配，错误也是学习的一部分。”通过这种引导，孩子逐渐学会放松，在尝试中找到乐趣，寻找成长的机会。

✧ 培养孩子的自信心，避免过度纠正

孩子的自信心往往来自他们在探索过程中获得的认可与成就感。家长如果总是紧紧盯着孩子的错误，并不断地纠正，孩子就会对自己失去信心。家长可以尝试多关注孩子在任务中展示出的优点和进步，而不是一味地强调不足。

✧ 鼓励孩子探索和创新，而不是只注重结果

当孩子面对新事物时，家长应鼓励他们大胆尝试，而不是过分强调结果的完美。应该让他们明白，失败是学习的一部分，不是丢人的事情。每一次跌倒都是孩子了解自己能力和不足的重要时刻。

成长的过程充满探索与尝试，家长的支持和宽容，是孩子勇敢前行的最佳动力。正如一句话所说：“松弛的父母，培养出勇敢的孩子；紧绷的父母，却只能收获谨慎小心的人。”

父母的容错率决定了孩子冒险的勇气

场景回放

楠楠在公园里看到一个高大的滑梯，兴奋地跑过去想要尝试。就在他准备滑下去的时候，站在一旁的爸爸急忙喊道："那个滑梯太高了，万一你摔倒了怎么办？还是玩点别的吧。"楠楠听后，默默地离开了滑梯。

和爸爸妈妈去野外踏青，看着高大的树木，楠楠兴致勃勃地挽起袖子，想要尝试着爬上去。爸爸妈妈见状，急忙紧张兮兮地嘱咐："别爬那么高，摔下来怎么办？"楠楠听后，失望地放弃了爬树的念头。

刚下过一场雨，楠楠蹲在草丛里，专注地观察蚂蚁搬家，时不时地用小木棍搞破坏。正当他准备宣布自己的"大发现"时，突然听到妈妈愠怒的声音："你怎么又把自己弄得脏兮兮的？赶紧起来，别玩泥巴了！"楠楠听到，不情不愿地离开了草丛……

小公园里，许多孩子在奔跑追逐。有的在滑滑梯，有的在沙坑里堆城堡，有的在草丛里捉昆虫……楠楠乖巧地坐在长椅上，刚刚拒绝了邀请他一起荡秋千的小朋友。他听到妈妈无奈地叹了口气，对一个阿姨说：“我家楠楠就是太胆小了，唉……”

孩子到底怎么了

在孩子的世界里，冒险就像每天必吃的甜点，是他们探索未知、体验新奇、锻炼自我的必经之路。然而，在这片广袤无垠的冒险乐园里，孩子们的勇气却往往受到父母容错率的影响。那么，何谓容错率呢？简单来说，就是父母面对孩子可能出现的错误时，能够给予多少宽容和理解。

孩子是最擅长察言观色的，尤其是在冒险的时候，他们的每一次行动，都是在试探父母的底线和容错率。如果父母总是小心谨慎，对他们的每一次“出格”行为都表现出批评和指责的态度，那么孩子选择冒险的勇气也将大打折扣。因为在他们看来，即使一小步的尝试，也可能让父母有无尽的担忧，同时责备自己。久而久之，孩子便会在心里筑起一道高高的围墙，将冒险的乐趣隔绝在外。

相反，如果父母能够给予孩子更高的容错率，那么孩子的冒险精神便会如同雨后春笋般茁壮成长。比如，当孩子想要尝试骑自行车时，父母不是在一旁担忧地唠叨，而是鼓励孩子：“没关系，勇敢地尝试吧！”这样的态度，不仅能够让孩子感受到父母的支持和信任，更能让他们明白，即使犯了错，也不是世界末日，只要勇敢尝试，总会成功。

爸爸妈妈的教育笔记

✧ 放松一点，提高对孩子行为的容错率

实际生活中，容错率高的家长往往更容易培养出勇敢、自信、独立的孩子。因为这样的孩子知道，即使犯了错误，也不会被父母责备和抛弃。他们有足够的勇气面对困难和挑战，有足够的信心尝试新事物和接受失败。这样的品质，无疑会让他们在未来的生活中更加游刃有余、得心应手。

✧ 给予孩子正确的引导和支持

提高容错率并不意味着对孩子放任不管，而是在理解和宽容的基础上，给予孩子正确的引导和支持。比如，在孩子尝试新事物时，父母可以陪伴身边，提醒他们注意安全，传授他们一些基本的技能和知识。这样，孩子在冒险的过程中不仅能够收获乐趣和成长，更能够感受到来自家庭的温暖和支持。

✧ 帮助孩子规避风险

一些家长可能会担心，提高容错率会不会让孩子变得肆无忌惮、目中无人？其实，这种担心是多余的，因为真正的容错率建立在尊重和理解的基础上。父母在宽容孩子的同时，也要告诉他们哪些事情是危险的，哪些行为是不恰当的。在这样的教育下，孩子自然会学会权衡利弊、遵守规则、尊重他人。

从“胆小鬼”到“小英雄”的蜕变之旅

场景回放

小飞是个性格内向的孩子，每次学校有上台表演或发言的机会，他总是悄悄躲到角落，尽量避免让老师注意到自己。即使在班级里回答问题，他的声音也是很轻的，生怕说错什么被别人笑话。

小飞的父母对此很担心，多次鼓励他大胆一点：“你不要害怕，勇敢发言就行，没关系的。”但小飞还是害怕在大家面前表现，内心总觉得自己不如其他同学。

一次，班里组织一个小话剧演出，老师特意给小飞安排了一个不需要台词的小角色，想让他慢慢习惯站在大家面前的感觉。即便如此，彩排的时候，小飞还是紧张得直发抖，甚至流下了眼泪。妈妈心疼地安慰他：“不要怕，慢慢来，谁在开始的时候都会紧张的。”但小飞始终不敢迈出那一步。

命运的转折来自一个意外的契机。这天，学校组织了一次应急疏散演习。当警报声响起后，全校师生按照指示有序撤离。这时候，小飞突然注意到，在慌乱的人群中，有个低年级的小女孩被挤到了角落里，正站在原地不知所措。周围的同学都在快速撤离，没有人注意到她。

小飞犹豫了一下，跑到小女孩面前，拉起她的手，轻声但坚定地说：“别害怕，我带你一起走！”在小飞的带领下，小女孩顺利地撤离到安全区域。

演习结束后，班主任特别表扬了小飞，原本低调的他一下子成了班上的“小英雄”。同学们纷纷为他鼓掌，老师也给予了他极大的肯定。那一刻，小飞的脸上露出了从未有过的自信笑容。

孩子到底怎么了

孩子的成长和自信心的建立都不是一蹴而就的，而是需要在生活的点滴事件中逐渐积累。

有很多孩子像小飞一样，因为内心恐惧和不自信，害怕尝试新事物，害怕失败或被嘲笑。这种胆怯不是因为他们天生缺乏勇气，而是源于对失败的恐惧和对自身能力的怀疑。因为害怕犯错或遭到批评，所以他们选择了退缩。

孩子的胆量和勇气，往往与父母的引导密不可分。如果父母能够给予孩子足够的信任和支持，孩子就能在逐步探索和冒险中获得勇气。克服掉内心的恐惧，他们会从“胆小鬼”蜕变为敢于面对挑战的“小英雄”。

就像小飞的成长和蜕变，家长和老师的支持在这个过程中起到了至关重要的作用。父母的温和鼓励、学校的宽容氛围，以及给予孩子展示自我的机会，都是帮助孩子慢慢建立自信的基础。孩子不需要一开始就做得完美，他们的勇气和自信都是在实际行动中慢慢积累起来的。找到孩子的勇敢瞬间，并适时地给予表扬和肯定，能让他们在今后的生活中变得更加勇敢和自信。

爸爸妈妈的教育笔记

✧ 允许孩子胆怯，逐步引导他们走出舒适区

在孩子的成长过程中，胆怯和害怕都是正常的心理反应，家长应

当接受这一点，并通过温和的引导让孩子逐步走出舒适区。家长不要急于让孩子立刻变得大胆，而是通过小的挑战逐步增强他们的自信心。

✧ 鼓励孩子勇敢面对困境，培养他们的自我认同感

家长可以通过日常生活中的小事，鼓励孩子承担责任，帮助他人。这不仅能让孩子在行动中发现自己的力量，还能增强他们的自我认同感。勇气和自信都是需要慢慢积累的，家长可以为孩子设定一些适度的挑战，鼓励他们完成，并及时给予表扬和鼓励，让孩子在内心深处感受到成就感，并为迎接更大的挑战积累勇气。

✧ 及时表扬孩子的勇敢瞬间，强化他们的自信心

孩子表现出勇气或主动性时，家长应当及时给予表扬和肯定。这种正向反馈能够极大地增强孩子的自我价值感，帮助他们在未来的挑战中更加坚定和自信。家长还可以通过分享孩子的成功经验，进一步巩固他们的勇敢心态，让他们从“胆小鬼”蜕变为更有自信的“小英雄”。

不能出格，就不能出彩

场景回放

学校艺术节活动很快就要开始了，班主任鼓励大家踊跃报名参加。然然平时很喜欢唱歌，见不少同学报了节目，心里不免有些跃跃欲试。

放学回家以后，然然鼓起勇气对妈妈说：“妈妈，艺术节快开始了，老师让我们报名参加，我比较喜欢唱歌，但怕唱得不好，你说我到底要不要报名呀？”

妈妈听后，不假思索地说道：“唱歌？你还是不要出头了吧。既然不确定能唱好，那不如安安稳稳地做你擅长的事情。要是搞砸了，多丢脸啊，还不如不参加呢。”

然然听了妈妈的话，好不容易鼓起的勇气就像被戳破的气球一样，顿时就消失了。最终，然然也没把自己的名字报上去。

几天后，艺术节如期举行，班级里的小伙伴们纷纷展示了自己的才艺。当然然看到同桌，一个平时有些腼腆的男生大胆地走上舞台跳了一段街舞，虽然动作有些生硬，但赢得了台下观众的热烈掌声时，她心中顿时涌起一种难以言喻的酸涩感。她忽然意识到，同桌赢得的那些掌声，并不是因为他的表演有多么完美，而是因为他有站上舞台的勇气和自信。

孩子到底怎么了

孩子对冒险行为的退缩和自我表达的抑制，是一种典型的“规范化”心态，通常源自对权威（家长、老师）的高度依赖。由于过度关注外界反馈，特别是父母和老师的期待，他们的行为选择趋于安全、保守，甚至压抑了自己的创意和个性。

如果家长总是要求孩子“不要做出头鸟”，希望他们在每件事上都能表现完美，不出现失误，那么孩子自然会对自己产生怀疑与不自信。他们会逐渐变得胆小、畏缩，宁愿隐藏自己，也不敢挑战未知领域。

这种“过于规矩”的心态在学龄阶段尤为常见。孩子的自我意识在这个阶段逐渐发展，他们渴望得到肯定和认可，因此不愿意冒险或挑战权威设定的标准。事实上，适度的出格行为恰恰有助于激发孩子的创造力、自信心和独立思考能力。如果孩子一味追求“完美”而不敢突破常规，他们可能会在长大后变得过于依赖外部标准，从而导致自我驱动力和创造力缺失。

爸爸妈妈的教育笔记

✧ 鼓励孩子勇敢尝试新事物

培养孩子的创造力和独立思考能力，家长首先要让他们明白，失败是学习的一部分，而不是必须避免的“错误”。孩子在尝试新事物时难免会遇到挫折和失败，家长可以通过一些小实验或家庭活动，比如尝试新食谱、设计房间装饰等，鼓励孩子做出不同于常规的决定，并告诉他们：“试错并不可怕，每一次尝试都会让你学到更多。”

✧ 营造宽松的家庭氛围，减少出错的焦虑

家庭氛围对孩子的成长有着深远的影响。如果家庭氛围过于紧张，孩子可能会表现得过于谨慎小心，害怕犯错。家长可以尝试营造一个更加宽松、包容的家庭环境，让孩子明白家是一个可以放松尝试的地方。家长还可以通过减少对出错的批评，帮助孩子放下对失败的焦虑，让他们能够更加大胆地探索和尝试。

✧ 提供多元化的活动，开阔孩子的视野

通过丰富多彩的活动，家长可以帮助孩子开阔视野，尝试运用不同的思维方式解决问题。比如，带孩子参观博物馆、参加艺术工作坊、体验科学实验等，让孩子接触多种多样的知识、创意和解决问题的方式，启发他们思考，让他们不再局限于“标准答案”。

爱是宽容与支持，而非枷锁

场景回放

这天，刚放学回到家，小安就兴致勃勃地拿着一张申请表递给妈妈，满心期待地说道："妈妈，我想去夏令营！"

原来学校打算在暑期组织一次夏令营活动，同学们可以自由报名参加。听说班上同学几乎都要报名，小安便也想和大家一起去。

小安从小就体弱多病，平时父母对他要求得非常严格，几乎不让他做任何剧烈运动。就连学校课外活动，他也很少参加。每当小安想出去和同学们一起玩耍时，妈妈总是说："你身体弱，不能跟其他小朋友一样乱跑，小心生病了。"

这次当然也不例外。听完小安的话，妈妈就立刻摇了摇头："不行，夏令营有很多户外活动，太危险了，你的身体承受不了。"

小安顿时低下头，沉默不语，泪水在眼眶里打转。

看着小安失落的样子，妈妈突然有些懊恼，忍不住想，自己对小安是不是有些过度保护了？这些年来，为了保护小安不受伤害，她总是不许他做这个，不许他做那个，剥夺了许多让他体验快乐和交朋友的机会。如今，小安已经上五年级了，连要好的朋友都没有几个。

经过一番思考，妈妈决定同意小安参加这次夏令营。她对小安说："妈妈同意你去夏令营，不过你要答应妈妈，一定要照顾好自己。"小安听到这个消息，兴奋地跳了起来，脸上露出了久违的笑容。

夏令营结束后，小安回到家，妈妈发现他变得开朗了许多，还认识了几个新朋友。小安兴奋地跟妈妈分享夏令营中的趣事，谈起爬山、露营和篝火晚会的经历时，眼睛里闪烁着光芒。看着小安快乐的笑容，妈妈终于明白，爱不应成为枷锁，而应是支持与宽容。

孩子到底怎么了

父母的爱与支持是孩子坚强的后盾和动力，但很多家长却常常误解了爱，认为控制和干预孩子的选择是为了他们好，觉得自己必须将孩子引导到“正确”的道路上才是对他们负责。事实上，这样的爱在孩子眼里更像一副无形的枷锁，限制了他们人生的无限可能。

成长本质上说是一种对生命和自我的探索。在这个过程中，孩子最需要的是来自父母的信任与鼓励，而不是打压和质疑。过度地控制和期望，只会扼杀孩子对未来的憧憬与探索的激情。

而且，让孩子在安全的环境中尝试新事物和挑战自我，对于他们的个人成长和提高社会适应能力是非常重要的。父母在保护孩子的同时，也要给予他们成长的空间和机会。支持孩子成为他们自己，才是父母对孩子最好的爱。

爸爸妈妈的教育笔记

✧ 学会放手，让孩子自主选择未来的路

每个孩子都是独立的个体，父母应该学会尊重孩子的兴趣和选择，不要将自己的意愿强加到孩子身上。给予孩子足够的自由去选择他们热爱的事物，不论这条路在家长看来多么平凡甚至不可理解。相信孩子有能力在自己的选择中找到属于自己的光芒，而不是按照父母的期待去过别人定义的生活。

✧ 爱是支持而非束缚，做孩子最坚定的支持者

孩子在成长过程中，难免会有一些在父母看来“不务正业”的兴趣爱好。家长不应急于否定他们的选择，而是应当多花时间理解他们内心的想法和感受，通过沟通了解他们为什么对某件事充满热情，鼓励他们在自己感兴趣的领域勇敢探索。只有这样，孩子才能在父母的爱中感受到温暖和安全，勇敢地追求梦想。

✧ 给孩子犯错和成长的空间

成长的道路不会一帆风顺，孩子需要通过尝试、犯错和反思找到属于自己的方向。父母要学会在爱中放手，给予孩子更多的空间去体验失败和成功，不要用自己的标准衡量孩子的选择和决定。要让孩子明白，父母的爱是一种无条件的支持，不基于成绩的好坏或表现的优劣。

第四章

慢慢来，允许孩子活成"孩子"的模样

——"揠苗助长"式教育背后的隐患

教育最大的谎言：别让孩子输在起跑线上

场景回放

“我们一定不能输在起跑线上，别人家的孩子都在努力，你也不能落后！”

这是妈妈常对晨晨说的话。看着日程安排表上又多出来的一个书法兴趣班，晨晨只能握紧小拳头，响应妈妈的“号召”了。

晨晨的妈妈是个非常“卷”的家长，信奉“不能让孩子输在起跑线上”，从晨晨上幼儿园开始，就格外重视对他的教育问题。还没有上小学，就把各种兴趣班和辅导班给晨晨安排上了，钢琴、英语、奥数课，真是一个也没有落下。

如今，晨晨刚上二年级，就已经有了各种各样的“特长”。但也因为总是要上各种补习班、兴趣班，晨晨几乎没有时间和其他小朋友玩耍。每当他想和同学们一起出去玩的时候，妈妈都会严肃地提醒：“现在你多努力一点，长大后就能更轻松，将来才能更有竞争力。”

一次，班上组织集体户外活动，孩子们都兴高采烈地在草地上追逐嬉戏，晨晨却独自坐在一边，安静地看着其他小朋友玩耍。老师觉得很奇怪，走到晨晨身边问他：“怎么不和其他同学一起玩呀？”

晨晨低声回答：“妈妈说我该多学习，不要在玩上浪费时间。”

听到这话，老师皱了皱眉，说道：“适度的玩耍也是学习的一部分，要懂得劳逸结合呀！”

晨晨勉强站了起来，但内心却充满矛盾和焦虑：既想和其他孩子一样轻松快乐地玩耍，又担心自己因为贪玩而落后……

孩子到底怎么了

“别让孩子输在起跑线上”，这是无数家长在教育路上紧抓不放的信条。于是，家长们不惜牺牲孩子的童年，将他们的时间安排得满满当当的，只为了在这场“竞争”中领先一步。补习班、才艺培训……家长们生怕稍有松懈，孩子就会被甩在后面。

然而，这种追求“起跑线”上的领先，其实是一个巨大的谎言。孩子的成长不是一场短跑，而是一场漫长的马拉松。他们需要时间去玩耍、去想象、去犯错，而不是过早地困在补习班的座椅上。

游戏是孩子最自然的学习方式，尤其在学龄前阶段，自由玩耍对孩子的社交能力、情绪调节和创造力发展具有重要的作用。家长应认识到，玩耍不是浪费时间，而是孩子成长过程中不可或缺的一部分。像晨晨这样被剥夺了玩耍时间的孩子，反而可能会因为缺乏社交互动而感到孤独和焦虑。

更何况，过早、过多地灌输“竞争”和“不能落后”的理念，反而容易让孩子失去对学习的兴趣和探索的热情，甚至对自己的能力产生怀疑，形成一种“只有成功才值得被爱”的心态。

爸爸妈妈的教育笔记

✧ 放慢脚步，关注孩子的内在成长

孩子的成长是一个需要慢慢品味的过程。家长要学会放慢脚步，关注孩子的内在成长，引导他们在生活中发现自己的兴趣和长处。教

育的目的不是让孩子在短期内拔尖，而是培养他们独立思考、解决问题的能力，让他们在未来的道路上走得更加稳健。

✧ 引导孩子形成内在学习动力，而不是外部竞争压力

孩子的学习动力不应来自对外部竞争的恐惧，而应源于内心的好奇和对探索的热情。家长可以通过鼓励孩子在日常生活中提出问题、进行自主学习，培养他们的内在学习动力。比如，当孩子对某个问题表现出好奇时，家长可以和孩子一起讨论、寻找答案，以此激发孩子的学习兴趣，而不是一味用竞争和排名来施压。只有当孩子主动对知识产生探索兴趣时，他们才能在学习中获得持久的成就感和满足感。

✧ 营造松弛氛围，让孩子享受童年的乐趣

家庭应该成为孩子温暖的港湾，而不是压力的来源。家长应在家中营造一种轻松的氛围，不以成绩和排名来衡量孩子的价值，要让孩子明白，失败并不可怕，它是成长过程中的组成部分。同时，鼓励孩子勇敢尝试新事物，并告诉他们，无论结果如何，父母都会为他们的努力感到骄傲和欣慰。

别着急，成长是件有迹可循的事

场景回放

期中考试成绩出来了，悦悦竟然有两门功课的成绩没有达到 90 分，这是她从上小学以后从来没有过的情况，可把妈妈急坏了。

自那之后，每天放学回家，妈妈都会不停地询问她在学校的表现：“今天老师讲的内容，你都理解了吗？作业有没有出错？”

其实，悦悦一直是个小学霸，学习非常认真，期中考试的成绩即便不像以往那么好，但也算不上差。可这段时间，在妈妈的反复催促和提醒下，她只感觉压力越来越大。

结果可想而知，因为太过紧张，在一次数学小测验时，悦悦漏写了几个解题步骤，导致分数比平时低了不少。回到家后，妈妈看着成绩单，心里更加不安，虽然没有责怪悦悦，却一直在嘀咕：“怎么会考成这样？你是不是没有认真准备？”

随着妈妈的不断焦虑，悦悦的学习状态越来越紧绷，一遇到难题，就会变得特别沮丧，有时甚至忍不住哭泣起来。

看着女儿的情绪变化，妈妈这才开始反思：是不是自己太着急，给孩子的压力太大了？

孩子到底怎么了

很多家长在教育孩子的时候，常常会犯一个错误，那就是急于求成，总希望孩子能快速达到自己设定的目标。当孩子没有达到预期的表现时，他们会很失望，甚至采取更严厉的措施来“矫正”孩子的节奏。

但其实，孩子在学习过程中，必然是有波动的，这些都是正常的现象。如果家长总是处于焦虑状态，那么必然会在无形中给孩子带来额外的心理负担。

更何况，孩子的成长都是有其自然节奏的。每个孩子的学习能力、情感调节能力、社交能力等，都有自己的发展轨迹。家长过度着急或施加压力，可能会干扰这一过程，让孩子在本该轻松学习的阶段就背上沉重的心理包袱，甚至影响他们对学习的热情。

爸爸妈妈的教育笔记

✧ 冷静看待波动，避免过度焦虑

在学习过程中，孩子的表现出现一些微小的波动都是正常现象，家长应该学会接受孩子成长中的波动，理解他们的每一个进步，而不是总期待着孩子能在一夜之间就获得巨大成就。成长本就是一个有迹可循的长期过程，过度焦虑只会打乱节奏。

✧ 给予孩子适度的支持和信任

过度监督和压力只会让孩子感到父母对自己缺乏信心，从而产生焦虑、不自信等负面情绪。家长应该学会适度放手，给予孩子更多的自主学习时间和空间，让孩子感受到支持与被信任，更加从容地面对学习中的各种挑战。

✧ 通过长期目标引导孩子成长

与其专注于短期的成功，家长不如帮助孩子设定一些长期的成长目标。这些目标可以是学习能力的提高、良好学习习惯的培养、情绪调节能力的提升等。要让孩子明白，成长是一个长期积累的过程，只有通过持续努力，才能看到真正的进步。

允许孩子慢慢跑，别做急性子家长

场景回放

放学回到家，航航和往常一样，开始细心地整理书包，然后慢吞吞地换上家居服，接着喝了一杯水，又把小书桌整理了一番，才拿出作业写了起来。看着航航“慢条斯理”的样子，妈妈在一边无奈地催促道：“别磨蹭了，赶紧写作业，等会儿线上英语课就开始了，可别再浪费时间了……”

从小到大，航航都是这样，性格沉稳，做事情总是显得比同龄人慢一些。在课堂上也是这样，老师已经不止一次地和家长反映过，说航航写字速度慢，作业总是比其他同学交得晚。每当考试时，其他孩子已经交卷了，航航还在琢磨最后几道题目，可让老师头疼坏了。妈妈也很无奈，总担心她的慢性子会影响考试成绩，每次看到航航磨蹭，都会忍不住唠叨：“如果你做事能快点，成绩一定能更好！”

然而，妈妈的催促不仅没有让航航提高做事的速度，反而让她更加紧张和不安。她总是默默低头继续做事，但心里的压力却在不断累积。

这天，航航在妈妈的催促下匆匆完成了数学作业，但因为过于紧张，错了一些简单的题目。妈妈看到后气不打一处来：“你怎么能做错这么简单的题？都不检查的吗？还是太慢不行啊！”

航航的情绪一下子崩溃了，泪水在眼眶里打转：“我已经尽力了，但我真的快不起来啊！”看到孩子这样，妈妈也愣住了，心中懊恼不已，可又不知道究竟应该怎么办才好……

孩子到底怎么了

现在，很多家长是急性子，总是希望孩子能尽快达成目标，快速掌握技能，以免落后于别人。他们担心孩子跑得太慢，会被同龄人超越，于是不停地在旁边催促，把孩子的成长当成与时间赛跑的竞赛。

然而，过度催促和焦虑对孩子没有什么帮助，反而会给他们带来更多的压力。要知道，有些孩子天生做事节奏慢，习惯深思熟虑，但这并不意味着他们能力不足，只是他们的方式与急性子的父母不太一样。如果父母过于急于求成，反而可能导致孩子在紧张和压力下无法发挥出最佳水平。

每个孩子都有自己的“发展时钟”，有些孩子快一些，有些孩子慢一些，这都是很正常的。允许孩子在成长的道路上“慢慢跑”，是父母对孩子最大的尊重和理解。

爸爸妈妈的教育笔记

✧ 以过程为导向，培养孩子的自我驱动力

在成长过程中，家长应该更多关注孩子的努力和坚持，而不是单纯地追求速度和结果。当孩子在某一领域取得进步时，即便速度很慢，也应该给予他们充分的肯定和鼓励，让孩子明白，成功不是一蹴而就的，重要的是找到自己的兴趣和动力，并在每一次的努力中获得内在的满足感。

✧ 不要将“慢”与“不努力”画等号

家长需要认识到，慢性子的孩子不代表他们不努力。相反，很多慢性子的孩子，其实往往是因为他在每个任务上投入了更多的精力和思考，所以才会显得比其他人更慢一些。家长应该对孩子的努力和认真予以肯定，而不是单纯纠结于速度。多给孩子一些正向的鼓励，他们会感到自己被认可，内心的安全感也会增强。

✧ 通过实际活动让孩子体验节奏管理的乐趣

想要改善孩子的“磨蹭”问题，家长可以通过一些实际活动，帮助孩子更深入地理解，如何在保持自己节奏的同时，逐步提高做事的效率。比如，可以和孩子一起进行一些计时类的游戏或活动，让孩子思考如何在有限时间内完成任务，同时又不缺失其细致性。这样的活动能够有效帮助孩子在实践中逐步适应时间管理的要求，而不是一味地被催促加快速度。

花朵各有芬芳，只是花期不同

场景回放

开完家长会，回想起班主任对女儿江米的评价——“表现中规中矩，成绩还不错，但也不是特别突出”，江米妈妈就觉得心里憋闷得很。

江米是个性格内向、温和的孩子，相比其他孩子活跃、出色的表现，她似乎总是保持自己的步调，安静地做着自己的事情，常常让人觉得缺少“存在感”。虽然女儿乖巧安静、不惹事，非常让人省心，但有时候江米妈妈也会很担心，觉得女儿实在有些过于“平凡”了，连项拿得出手的才艺都没有。特别是在看到同班家长们分享自己孩子获奖、拿高分的时候，江米妈妈的焦虑就愈发严重了。

虽然妈妈没有说什么，但江米也敏锐地感觉到了妈妈的情绪变化。江米的心里其实藏着一个小小的世界，那里充满色彩和想象，只是这些美好，她很少向外界展示。

不久，学校举行了一次艺术展，为学生提供了一个展示自己创作才华的平台。江米早早就准备好了一幅画作——一幅以花朵为主题的水彩画。画中的每一朵花仿佛蕴含着生命的力量，色彩斑斓而不失和谐。她没有告诉任何人，只是悄悄把画提交了上去。

展览当天，江米的作品吸引了许多人的注意，还受到美术老师的特别表扬。看着女儿腼腆但自信的笑容，妈妈心中又惊又喜。她突然意识到：每个孩子都有自己独特的闪光点，只是“绽放”的时间和领域各不相同，就像美丽的鲜花，终有绽放的时候，只是各自花期不同。

从那以后，妈妈渐渐放下焦虑，不再强求女儿表现“出彩”，而是更加关注女儿的兴趣和特长，并鼓励她尝试和探索更多可能。

孩子到底怎么了

每个孩子的发展节奏和表现形式都不一样。有些孩子可能早早就崭露头角，在学业或某些特长方面有着耀眼的表现，另一些孩子则需要更多时间发掘他们的兴趣与天赋。这都是很正常的事情，就像自然界中的花朵一样，每个孩子的成长也有自己的“花期”，可能会在不同的领域和时间点上展现出不同的才能，家长需要做的，是耐心培养与等待，让他们有时间和空间去积累与沉淀。

孩子的成长应该是多维度的，家长需要学会欣赏孩子不同的“风采”，允许他们在自己的节奏里慢慢绽放。父母的任务，不是让孩子一开始就显得多么出众，而是陪伴他们走过每一个不显眼的阶段。因此，家长们与其总是焦虑孩子没有立刻在某一方面表现得出类拔萃，倒不如更多关注孩子的整体发展，尊重他们的成长节奏。如果家长一味地以他人的成就和标准来衡量孩子，那么反而容易忽略掉他们独特的潜力和发展的机会。

爸爸妈妈的教育笔记

✧ 尊重孩子的个性化成长，避免用单一标准衡量

每个孩子的成长路径不同，家长不应只用成绩或他人的表现来衡量自己的孩子，需要认识到，即使孩子在学业方面表现不佳，也不意

味着他们不够聪明、不够优秀，他们可能在艺术、音乐、社交等领域有独特的优势。与其对孩子过度苛责，不如多引导他们发现自己擅长和感兴趣的事情，帮助他们在这些领域找到自信。

✧ 鼓励孩子发现自我价值，不被外界标准所束缚

每个孩子都是独一无二的存在，他们的价值不应该被外界的标准所束缚。家长应该多鼓励孩子探索自己的兴趣和才能，让孩子明白，成功不是在同一时间达成同样的目标，而是在自己的时间里做更好的自己，感受到成长不是为了追赶别人，而是找到属于自己的方向。

✧ 避免盲目比较，专注于孩子的个体进步

家长在教育孩子时，切忌盲目地将孩子与他人进行比较。每个孩子的“花期”不同，过多比较只会增加孩子的压力，削弱他们的自信心。家长应更多地关注孩子自身的进步，帮助他们设定合理的成长目标，让孩子在自己的节奏中稳步前进。

家长爱比较，孩子很焦虑

场景回放

期中考试成绩出来了，看着卷子上的分数，小勇的脸顿时垮了下来，仿佛已经预见到晚上回家后即将面对的“恐怖”局面。

别误会，小勇的爸爸妈妈不是“暴力父母”，不会因为一次考试失利就对他“大打出手”，但他们有个“毛病”，就是特别喜欢拿小勇和其他孩子进行比较。这不，刚看到小勇的成绩单，爸爸妈妈就开始比较了——

爸爸长吁短叹：“才 78 分？你知道表哥考了多少吗？ 95 分！你怎么总是差他那么多？”

妈妈也在旁边附和道：“你呀，就是不够努力，看看隔壁家的小明，多自觉、多努力，人家每次考试都是全班第一！”

听着这些话，小勇的心像被狠狠地刺了一下。他垂下眼帘，小声地解释：“我已经很努力了，可是那几道题真的很难……”

话还没有说完，爸爸就打断了他：“别找借口！别人都能考高分，怎么就你不能呢？你要向他们学习才行。”

小勇突然感觉很委屈。为什么自己的优点爸爸妈妈看不到，总是喜欢拿别人的长处和自己的短处做比较呢？上次自己可是带领球队获得了校内足球比赛的第一名，表哥和小明可做不到！

想着，想着，小勇忍不住委屈地哭了起来，对爸爸妈妈说道：“为什么你们总是拿我和别人比？难道我比不过别人，就不是一个好孩子了吗？”

孩子到底怎么了

很多家长在教育孩子的时候，总是喜欢拿自己的孩子和其他孩子进行比较，希望以此激励孩子。但实际上，这种比较带给孩子的不是动力，而是深深的焦虑和自我怀疑。这对孩子的自信心和心理健康都可能造成深远影响。

对孩子来说，他们最需要的，是被父母无条件地接纳和肯定，这是他们安全感和勇气的来源。家长的比较不仅可能会让孩子失去对自己能力的信心，还可能让他们陷入一种觉得自己“永远不够好”的循环中。久而久之，孩子不仅会感到焦虑，还可能会削弱努力的内在动机，甚至导致他们面对挑战时失去勇气，害怕失败。

此外，孩子总是处于比较的压力下，容易形成“外控型”的思维，即他们的自我价值感完全依赖于外界的评价和他人的表现。在这样的环境中，孩子会逐渐形成一种错误认知，即自己必须不断超越他人才能获得认可。这种追逐往往是无止境的，容易让他们产生极大的焦虑和挫败感。而且，过多比较也会让孩子失去对自己的独特性和个性的认同，变得缺乏自信。

爸爸妈妈的教育笔记

✧ 停止不必要的比较，尊重孩子的独特性

每个孩子都是独一无二的个体，他们有着自己的节奏和优点。家长应学会尊重孩子的独特性，不拿他们和其他孩子进行无休止的比

较；要学会用欣赏的眼光看待孩子，发现他们身上的闪光点，给孩子更多的肯定和鼓励，而不是轻率地以别人的成功标准来评判他们的价值。

✧ 帮助孩子建立内在动机，而不是给予外部竞争压力

孩子的学习和成长应以他们的兴趣和内在动机为驱动力，而不是外界的竞争压力。家长可以引导孩子发现他们在学习中的乐趣和成就感，帮助他们建立自主学习的动力。比如，孩子喜欢英语，家长就可以鼓励他在这个领域多做探索，而不是单纯为了在考试中超越同学，取得好分数。

✧ 引导孩子学会接纳自己的独特性和长处

每个孩子都有自己的长处和独特之处，家长应当帮助孩子发现并欣赏自己的优点，而不是总是与他人做比较。比如，家长可以通过日常互动和交流，帮助孩子认识到自己有哪些优点，鼓励他们在这些方面进一步发展。

第五章

创造力的诞生

——呵护孩子自由的心灵与无边的好奇心

小心！别让“标准答案”扼杀孩子的创造力

场景回放

前几天，老师布置了一个作业，让学生用废旧材料制作一个风车。小泽心里一阵兴奋，他想用家里常用的饮料瓶和一些纸板进行全新的设计。但当他把这个想法告诉妈妈时，妈妈却摇了摇头说：“别搞那些花样了，你还是按照老师给的例子做吧，这样才不会出错。”

小泽有些犹豫，但还是听从了妈妈的建议，按照老师提供的标准制作步骤，一板一眼地完成了一个普通的风车。可是第二天，当他带着风车去学校时，却发现大多数同学的作品和他的一模一样，反而是少数几个“脑洞大开”的同学做的千奇百怪的风车得到了老师的表扬。

看着自己平平无奇的风车，小泽的眼中满是失落。他想起自己原本那个充满创意的设计，觉得心里空落落的。

爸爸去接小泽放学的时候，发现他情绪不对，走到身边问道：“怎么啦，小泽？风车做得不开心吗？”

小泽抿了抿嘴，委屈巴巴地说道：“我本来想做一个不一样的风车，可是妈妈说按照标准答案做才不会出错。我觉得做出来的风车一点意思都没有。”

爸爸听了，微微一笑，摸了摸小泽的头说：“你知道吗？世界上最伟大的发明，都是从打破常规开始的。标准答案不是唯一的答案，你的想法才是最宝贵的。下次试试看，按照自己的创意去做，无论结果怎么样，你都是最棒的！”

听到爸爸的话，小泽的眼睛又亮了起来。他点了点头，心中燃起了重新尝试的信心。

孩子到底怎么了

做题有“标准答案”，你的解答越是接近“标准答案”，得到的分数就越多。但人生是不存在“标准答案”的，如果家长为了避免犯错，总是给孩子提供“标准答案”，让他们按部就班地完成每一个任务，无异于是在扼杀孩子的创造力和探索精神。他们会因为害怕偏离标准答案、害怕犯错，继而逐渐变得不再敢于尝试新事物。

真正的教育，绝不是让孩子死记硬背标准答案，而是引导他们思考问题的多种可能性，鼓励他们在探索中找到独属于自己的答案。当孩子拥有了勇敢尝试的信念，他们才会在面对挑战时展现出无限的潜力和创造力。

创造力是孩子宝贵的天赋，它不仅体现在艺术作品中，还在生活中的每一个新奇想法和独特思维中闪耀。在孩子的成长过程中，创造力是一种非常重要的能力，它不仅仅存在于艺术、设计等领域，还涉及他们解决问题、应对挑战的能力。过分依赖“标准答案”的思维模式，会让孩子变得被动，失去主动思考和提出新观点的勇气。更重要的是，孩子可能会逐渐丧失尝试新事物的热情，害怕因为“出错”受到批评或失去家长和老师的认可。

爸爸妈妈的教育笔记

✧ 鼓励孩子多问“为什么”，培养批判性思维

家长可以通过日常生活中的互动，鼓励孩子多问“为什么”，帮助

他们打破对“标准答案”的依赖。比如，当孩子做作业时，家长可以问他们：“除了这个解题思路，你还有其他的想法吗？”鼓励孩子从单一的思维模式转向多角度思考问题，逐步培养他们的批判性思维。

✧ 减少对“正确与错误”的过度关注，重视思维过程

家长在与孩子讨论作业或课外活动时，不要只关注他们是否得出“正确答案”，而应更多关注孩子的思考过程。比如，当孩子制作手工时，家长可以说：“我看到你做得很细致，但有没有其他可能性？也许你可以加上翅膀，或者给小狗一些特别的设计。”通过这种方式，家长能让孩子感受到思维的灵活性，理解创造力不等于绝对的“对与错”。

✧ 创造自由表达的环境，鼓励创新和试错

创造力往往源自自由的环境，家长可以在家中为孩子创造一个没有过多规则的表达空间。无论是在绘画、写作还是其他课外活动中，家长都可以鼓励孩子放下“标准答案”的束缚，随心所欲地表达。例如，进行美术创作时，家长可以鼓励孩子大胆尝试不同的材料和形式，不必担心结果是否符合某种“标准”。允许试错和失败，孩子才能在探索中勇往直前地走下去。

疯狂的想法背后，可能是未来的创新天才

场景回放

吸尘器、旧风扇、遥控车的零部件被拆解得七零八落，随意地散落在桌子上。小鹏双手撑着桌面，眼睛里充满专注和兴奋。他想打造一个可以自动清理地面的“机器人”。

得知儿子的这一想法，妈妈愣了一下，随后笑着摇头：“你才多大呀，天天想东想西的！吸尘器和遥控车怎么可能变成机器人呢？你还是先把数学作业做好吧，别在这些不靠谱的事上浪费时间。”小鹏有些失望，他在心中暗自打定主意，一定要把“机器人”做出来让妈妈看看。

几天后，在学校的科学课上，小鹏兴致勃勃地和大家分享了自己的计划：“我打算做一个自动清理地面的机器人，用吸尘器和风扇做动力，再用遥控车控制它的方向！”

听到小鹏这个“宏伟”的志向，同学们都笑了起来：“这怎么可能

实现呢？你也想得太简单了吧！”小鹏感到一阵尴尬和失落，脸上不禁泛起红晕。

看到小鹏低落的样子，老师站了出来，说道：“世界上许多伟大的发明，最开始看起来都像是天方夜谭。比如，爱迪生发明电灯泡时，也没有多少人相信他会成功。任何一个疯狂想法的背后，都可能是未来的创新天才！”

老师的话让小鹏重新有了信心。经过几个月的努力，小鹏终于组装出一个简单的“机器人”，它能够在地面上移动并进行简单的清理。虽然这个“机器人”没有那么先进，但谁又知道它会不会成为一个未来小发明家的新起点呢？

孩子到底怎么了

在孩子的世界里，疯狂的想法往往是他们创造力的体现。然而，许多家长面对这些天马行空的想象时，常常急于否定，担心这些不切实际的思维会耽误孩子的学习和成长。

事实上，那些最初被认为疯狂的想法，往往孕育着改变世界的潜力。历史上许多伟大的发明和创新，都是基于看似不可能完成的设想，比如莱特兄弟的飞行梦想、爱因斯坦的相对论假说等。

许多改变世界的发明和突破，最初都源于一个看似荒诞的念头。这些大胆的想法背后，是孩子们无畏的好奇心和对未来无限可能的探索精神。家长应当意识到，扼杀这些想法，等于扼杀了孩子的创造力。

在成长过程中，孩子通过探索、质疑和创新的方式来理解世界，而这些过程对他们未来的发展至关重要。孩子需要一个宽容和被支持的环境，能够允许他们大胆尝试和犯错。只有这样，他们才能从一次次的失败中获得经验，从而激发自己未知的潜力。

爸爸妈妈的教育笔记

✧ 学会欣赏并接受孩子天马行空的想象力

孩子常常会有一些天马行空的想法，这其实是他们探索和创新的一种自然表现。家长应该以积极的态度回应孩子的创意，而不是轻易否定或纠正。比如，当孩子提出“住在海底”的想法时，家长可以说:“这是个有趣的想法！你觉得我们需要解决哪些问题才能住在海底呢？”这样的问题引导，不仅能够培养孩子的发散性思维，还能激发他们出现更多的创造性想法。

✧ 引导孩子从“疯狂”中寻找实现的可能

很多时候，孩子看似疯狂的想法中，往往隐藏着现实问题的独特解决方案。家长可以通过培养批判性思维，帮助孩子在这些天马行空的创意中，寻找实现的可能。比如，当孩子提出一个“疯狂”的想法时，家长不要急着否定，而是针对这一疯狂想法存在的问题对孩子进行引导式的提问。这种互动不仅能帮助孩子进一步思考创意的可行性，还能让他们明白创新不是脱离现实，而是在想象和实践之间找到平衡点。

✧ 为孩子创造探索和实践的机会

创造力不仅仅停留在想法层面，还需要通过实际操作和实践来实现。家长可以为孩子创造更多探索的机会，比如运用科学实验、手工制作等方式，让孩子把他们的疯狂想法付诸实践。在这个过程中，孩子不仅能培养动手能力，还能学会如何在实验中不断调整和改进自己的创意。

创造一个框架，只能得到另一个框架

场景回放

暑假期间，睿睿参加了一个少儿编程班，他准备利用所学知识，开发一款互动小游戏，参加学校即将举办的科技展。爸爸见状，热心地从网上找到一个现成的游戏模板，拍着他的肩膀说：“儿子，看看这个，按照这个模板做，肯定没有问题！”

睿睿满怀期待地按照模板一步步搭建，但很快，他发现这个模板玩法陈旧，缺乏新意。认真思索后，睿睿决定不再受限于模板，他想创造出一个与众不同的游戏世界。他融合了传统游戏元素与现代科技，设计出了一种让玩家在虚拟与现实中穿梭、解开物理与逻辑谜题的独特玩法。

科技展当天，睿睿的游戏展位前人头攒动。一位试玩游戏的同学惊讶地说：“这个游戏太酷了！我从来没有见过这样的玩法！”

最终，睿睿的游戏因为独特的“脑洞”获得了“最佳创意奖”。看着儿子捧着奖杯的自信笑容，睿睿爸爸不由得庆幸：还好儿子没有听自己的！他也终于意识到，给孩子提供一个框架，最终只能得到另一个框架，只有敢于突破框架，勇于创新，才能创造出真正属于自己的精彩。

孩子到底怎么了

很多孩子在成长过程中，心里原本都充满各种创新的想法，但不少家长为了让孩子稳妥、快速地完成任务，往往会无意识地为他们搭建一个框架或标准，试图引导孩子走向“正确”的方向，让他们按部就班地学习或创作。尽管这些框架可能基于经验或好意，能够帮助孩子快速上手，减少犯错的可能性，但长此以往，孩子的创造力和独立思考能力也会被压抑，从而变得越来越保守。

提供一个框架，只能得到另一个框架。当家长为孩子提供一个“学习框架”，希望通过系统的安排让孩子得到更好的成长时，实际效果可能适得其反。在这种框架下，孩子虽然完成了任务，但思维和行为也会逐渐固化，失去自我探索的动力。

爸爸妈妈的教育笔记

✧ 提供自由探索的环境，减少条条框框的限制

创造力需要自由的土壤。家长可以为孩子提供一个开放、包容的环境，允许他们在学习和创作中自由探索，而不是将他们束缚在固定的规则中。失败和犯错都是创新过程中的一部分，家长应当让孩子从中学会总结经验，逐步提高他们独立思考和解决问题的能力。

✧ 给予孩子自主空间，避免过度控制

家长的责任是引导孩子学会管理时间和任务，而不是替他们安排所有细节。家长可以尝试为孩子提供一个大致的时间框架，而不是规定每项活动的具体时长。比如，告诉孩子：“今天你需要完成数学、英语和写作的任务，剩下的时间你可以自由安排。”这样，孩子在完成学习目标的同时，也有一定的自主选择权，逐渐培养出自我管理的能力。

✧ 引导孩子在框架内探索多种可能性

虽然框架的形成容易造成思维固化，但某些时候，完全没有框架也是不可取的。家长可以引导孩子在已有框架的基础上，探索出更多的可能性。比如建议孩子：“你可以在这个基础上做一些改变，融入自己的想法。”这样一来，既能保证孩子的行为在一定的规则内，不至于太离谱，同时又允许孩子在现有的框架中寻找突破口。

听话，在某些时候是最糟糕的表现

场景回放

从小到大，谭宇都是个懂事的孩子，每次家庭做决定时，无论是出去吃饭，还是参加活动，爸爸妈妈总是说：“小宇，听话，听爸爸妈妈的，别自己瞎琢磨。”久而久之，谭宇再也没有意见了，因为他的声音似乎不会被“听见”。

周末和爸爸妈妈一起逛街，路过一家书店时，谭宇眼前一亮，看到了自己一直想买的漫画集。谭宇轻声说：“妈妈，我能进去看看吗？我想……”话还没有说完，妈妈轻轻拍了拍他的肩膀：“小宇，听话，我们不是说好今天要买文具吗？别浪费时间，懂事一点。”

晚上吃饭，爸爸谈起家里的新装修方案。他拿出几张设计图，问：“小宇，你觉得哪个颜色的墙纸好看？”谭宇看了一眼设计图，正准备说话，就听到妈妈说：“男孩子就用蓝色吧，适合他。”谭宇把即将出口的意见又咽了下去，继续低头扒着饭。

渐渐地，谭宇越来越习惯做那个不发声的孩子。别人问他意见时，他总是说：“我听你的。”无论是学校活动、家庭事务，甚至是朋友的邀请，他都选择默默点头，不再有自己的声音和想法。

老师感叹他是个“懂事的乖孩子”，父母也常常对亲戚朋友夸耀：“小宇最听话了，从来不惹事。”但只有谭宇自己知道，他内心那片属于自己的小天地，正在一点点萎缩，再也没有了色彩和生机。

孩子到底怎么了

在很多家长看来，听话往往被视为美德，他们希望孩子能够乖巧、遵守规则、按部就班地完成任务。但很多时候，过度顺从实际上往往是孩子缺乏思考能力和创造能力的一种反映。

孩子听话当然不是一件坏事，但过于依赖别人的指令和规则，却是对孩子个性和创造力的一种束缚。要知道，世界上一切伟大的发明和创新，往往都来源于那些不愿意遵循常规、敢于打破框架的“叛逆”想法。因此，孩子需要的不仅仅是遵循规则，还要有质疑和突破的勇气。

长期“听话”的孩子容易形成一种“外部控制型”的思维模式，即他们的行为主要依赖外界的指令和期望，而不是基于自身的判断和选择。这种思维模式虽然能帮助孩子在短期内规避错误，但也可能让他们在未来的学习和生活中，缺乏应对复杂问题的独立决策能力。听话不总是好的表现，尤其面对需要创造性思维和自我表达的场合时，过度顺从反而可能成为一种限制。

爸爸妈妈的教育笔记

✧ 帮助孩子培养独立思考的习惯

思考是一种习惯，如果家长总让孩子“听话”“懂事”，那么无异于是在扼杀他们思考的习惯。要知道，想让孩子成长为真正优秀的人，需要的不仅仅是学习和遵守规则，更重要的是让他们学会在质疑中不断探索新的可能性。家长可以通过开放式问题引导孩子思考：“有没有其他方法？”“为什么不能这样做？”，让孩子在思考中找到答案，培养独立思考的能力。

✧ 鼓励孩子勇敢表达自己的观点

有时候，孩子的“听话”其实源自对权威的敬畏和害怕犯错，而不是他们真正认可家长的道理。真正的“懂事”不是一味地顺从，而是要让孩子从心底里真正理解和认可他们需要遵循的规则和道理。要做到这一点，真诚的沟通是必不可少的。家长可以通过引导，让孩子明白在合适的场合勇敢表达自己是值得鼓励的。比如，家长可以告诉孩子：“老师和家长并不总是对的，你有权利提出不同的意见。”通过正向引导，孩子会逐渐学会在需要时正确地表达自己的想法，与家长建立真正的沟通。

✧ 教会孩子区分“听话”和“独立判断”的场合

“听话”在某些时候是必要的，比如遵守规则和纪律，但家长应当帮助孩子区分哪些场合需要听从，哪些场合可以自行判断。家长可以通过讨论和案例分享，帮助孩子理解在复杂情境下如何做出合适的选择。例如，在老师规定的时间内按时完成作业，这属于规则范围内的“听话”，但在创意活动中，孩子有权利根据自己的想法做出不同的设计，给出个性化的表达。

呵护孩子的好奇心与探索欲

场景回放

夜空中星光闪烁，小涵坐在窗前，望着远方发呆。六岁的她对一切都充满探索欲，总是会问出各种稀奇古怪的问题：“妈妈，为什么星星在晚上才出来？”“爸爸，月亮上真的住着小兔子吗？”这些奇怪的问题，常常把爸爸妈妈都问得哑口无言。

一天，爸爸带小涵去科学博物馆，里面有很多关于宇宙和太空领域资料的展示。小涵对着一个模拟火箭模型兴奋地说：“爸爸，我要造一个火箭，坐着它去月亮上找小兔子玩！”

爸爸笑了起来，说：“你没有看到吗，月亮上坑坑洼洼的，根本没有小兔子啊！”这句话让小涵的兴奋瞬间消失。她低下头，默默地跟在爸爸身后，整个人都无精打采的。

回到家后，妈妈察觉到她情绪低落，便问：“博物馆好玩吗？”

小涵小声回答：“挺好玩的，我想造火箭去月亮上找小兔子玩，可是爸爸说月亮上没有小兔子。妈妈，月亮上真的没有小兔子吗？”

妈妈轻轻抱住小涵，温柔地说：“妈妈也不知道呀，这样吧，我们小涵加油，以后造出火箭，去月亮上看看，然后再告诉爸爸妈妈，上面到底有没有小兔子，你说好不好呀？”

听到这话，小涵的眼睛重新亮了起来。那天晚上，她拿起天文书，继续研究着她心中的星星和宇宙。

孩子到底怎么了

孩子的世界里，充满天马行空的想象和无穷无尽的好奇。好奇心正是他们探索世界的原动力，推动着他们提出问题、寻找答案。只是很多时候，家长面对这些“异想天开”的问题时，往往会下意识地用现实的标准去打击孩子的热情。殊不知，家长轻飘飘的一句“不可能”，或许就会浇灭孩子对未知的热情，进而抑制他们的好奇心和探索欲。

其实，孩子的每一个问题、每一个梦想，都是他们理解世界的方式。家长不应该轻易打破这些梦想，而是应该引导孩子自己去思考，寻找答案。好奇心和探索欲是孩子学习和成长的核心驱动力，家长应该做的，是为他们提供一个充满理解和支持的环境，让他们能够通过不断提出问题和寻找答案，培养出一种积极的思维模式。

更何况，世界奥秘千千万，人们对世界的认知始终是在不断发展和变化的，你又怎么知道，今天在你看来“异想天开”的想法，不会成为明天的真理呢?

爸爸妈妈的教育笔记

✧ 积极回应孩子的提问，保持开放的态度

孩子提出的每一个问题，都是他们探索世界的起点。家长不一定每次都能给出完美的答案，但关键是要保持一种开放的态度。比如，当孩子问“为什么天上的云会动”时，家长可以说：“这是个好问题，

我们可以一起查查资料，看看云是怎么形成的。”即使家长不清楚答案，也可以和孩子一起寻找解决办法。这个过程不仅能让孩子感觉到自己被支持和尊重，还能培养他们自主学习的能力。

✧ 帮助孩子学会提出问题和寻找答案的技巧

随着孩子的成长，家长可以逐步教导他们如何提出问题和寻找答案，从而把天马行空的想象变成可以实现的目标。比如，当孩子对植物的生长感兴趣时，家长可以引导孩子记录植物每天的变化，观察不同的种子是如何发芽的，并提出更多深入的问题：“为什么这些种子长得更快？有没有其他因素影响它们的生长？”这种引导式提问，不仅能深化孩子的思考，还能让他们学会系统地研究问题和寻找答案。

✧ 为孩子提供丰富的学习资源，拓宽视野

家长可以通过提供丰富的学习资源，帮助孩子拓宽视野，满足他们的好奇心。书籍、纪录片、科学实验工具、博物馆探访等，都是不错的选择。这些资源可以激发孩子的学习兴趣，帮助他们更加深入地理解和研究自己感兴趣的领域。

第六章

挫折教育≠打压式教育

——和孩子一起面对挫折，而非制造挫折

挫折教育，关键在教育而非挫折

场景回放

“宝剑锋从磨砺出，梅花香自苦寒来”——这是程峰的爸爸妈妈常常对他说的话。他们坚信，孩子接受挫折教育，才能变得更加坚强，也更加优秀，他们确实一直是这样做的。

记得刚上一年级的时候，有一次，程峰从学校回到家，脸上还带着一丝兴奋：“妈妈，今天老师表扬我了，说我最近数学有进步！”他双眼亮晶晶地看着妈妈，期待得到她的夸奖。

然而，为了不让程峰骄傲，妈妈只是淡淡地说：“是吗？这算什么好消息？我给你准备了一份难度更大的数学试卷，来试试吧。光听老师表扬不算，你得学会解决真正的难题。”程峰脸上的笑容渐渐淡去，拿起妈妈准备的卷子，眉头紧锁。

三年级的时候，一次周末，爸爸带程峰去一片山林野外远足。这本应该是一次放松玩耍的机会，但为了让程峰体会人生的艰辛，爸爸刻意安排了一段陡峭的爬坡路，让他自己去爬。

看着儿子满脸通红、气喘吁吁的模样，爸爸没有上前帮忙，只是站在一旁说：“坚持住！这点困难都克服不了，以后怎么能面对大风大浪？”最后，程峰跌跌撞撞地爬上了坡，但身体的疲惫和心理的挫败感让他几乎要哭出来。

在爸爸妈妈的“挫折教育”下，程峰变得越来越没有自信。每次回想起爸爸妈妈给他的“考验”，程峰觉得自己什么都做不好，怎么努力都达不到父母的期望。他总是忍不住地想：或许，自己天生就是个失败者吧……

孩子到底怎么了

在成长的过程中，挫折和失败是无法避免的。很多家长认为，让孩子多经历挫折，才能让他们变得更坚强。但其实，真正有效的挫折教育，不是让孩子反复经历失败的痛苦，而是教会他们如何从失败中吸取经验，提升自己的能力。

简单地让孩子经历挫折并不会自动让他们变得坚强，反而可能让他们陷入自我怀疑的情绪中。让孩子经历更多的失败与挫折，对他们没有什么好处，如果他们没有得到恰当的引导，这些挫折反而可能会让孩子以为自己能力不足，继而逐渐丧失自信心和应对挑战的勇气。

挫折教育的关键在于家长如何帮助孩子学会正确看待失败与困难，孩子需要理解挫折不是终点，而是成长中的一部分。因此，当孩子遇到挫折时，家长应该及时给予支持和正确引导，这样，孩子才能学会如何调整情绪、反思问题，并从失败中获得新动力。

爸爸妈妈的教育笔记

✧ 帮助孩子分析失败的原因，而不是简单责备

当孩子遭遇挫折和失败时，家长应和孩子一起找出问题所在，而不是停留在责备的层面。帮助孩子分析错误并探讨解决方法，不仅能让孩子从失败中获得宝贵的经验，还能帮助他们培养解决问题的能力。家长要让孩子明白，失败并不可怕，关键是要能从失败中获取宝贵的经验。

✧ 引导孩子设定合理目标，逐步提升抗挫能力

当孩子为自己设定的目标过高，难以实现时，往往就会加重挫折感。家长要帮助孩子设定可以一步步实现的小目标，让他们在逐步实现这些目标的过程中建立信心，而不是一次性设定过高的要求。这种逐步提升的方式，能够有效地帮助孩子面对挑战时更加从容，减少挫折带来的压力。

✧ 通过榜样示范，让孩子看到从挫折中获得成功的可能性

家长可以讲述名人或自己经历的挫折故事，帮助孩子理解挫折是成长和成功的一部分，而非失败的证明。这样的例子能够给孩子带来启发，让他们明白失败并不可怕，关键是要懂得从失败中学到东西，从而让自己更好地前行。

与其“制造挫折”，不如“教会应对”

场景回放

学校的文艺会演就要开始了，多才多艺的小米被同学们票选成为话剧表演的主角。排练期间，小米一直表现得非常出色，但谁也没有想到，演出当天，小米竟然因为过于紧张，把台词忘得七七八八，场面一度尴尬。

这次意外让小米的爸爸妈妈意识到，女儿的抗压能力实在太弱了。他们认为，这或许是因为平时生活中她经历的挫折太少。因此，他们决定减少对小米的支持，让她在挫折中学会“自我成长”。

为了激发孩子们的学习兴趣，巩固学到的知识，小米班级里一直有个长期活动：每周五的最后一堂课，都会举行“模拟讲课”活动，让一名学生扮演“老师”，给同学讲课。

往常轮到小米讲课的时候，妈妈都会和她一起准备，但这一次，妈妈却拍着小米的肩膀说：“你该学着自己解决问题了，别再依赖爸爸妈妈。这点困难，你必须自己扛住。”

小米只好自己准备，内心的不安却不断加剧。结果不出所料，这一次她的表现比预想的还要糟糕。由于准备不足，她把课讲得磕磕绊绊，惹得同学们哄堂大笑。

回到家里，小米疲惫地倒在床上，眼泪默默滑落。她从没有感觉自己如此无力。面对接连不断的挫折，她只感压力越来越大，无论是舞台还是课堂，都成为她内心深处的阴影。挫折不仅没有能教会她成长，反而让她失去了自信。

孩子到底怎么了

许多家长认为，孩子只有在挫折中接受教育，才能培养出强大的抗压能力，变得更加坚强。然而，这种制造“挫折”的方式往往只会让孩子陷入更深的自我怀疑和无助的状态。

此前说过，真正的教育不在于刻意地制造挫折，而在于帮助孩子学会如何应对挫折。父母如果一味让孩子独自面对困难，而不给予指导和支持，最终的结果很可能是让孩子在一次又一次的打击中失去信心。

经历挫折和学习应对挫折是成长过程中不可避免的一部分，这个过程最大的意义，就是教会孩子如何面对挑战、调整情绪、解决问题。挫折最大的意义不是用来打击孩子的自信，而是让孩子在经历挫折中发现自身存在的问题，从而进行改进。只有学会从挫折中寻找前进的方向，孩子才能在未来的挑战中更加从容、自信。

因此，想要增强孩子的抗挫能力，与其人为地制造“挫折”，不如通过有效的教育方式，教会孩子更好地面对和处理挫折。

爸爸妈妈的教育笔记

✧ 挫折教育的关键在于引导，而非放任

挫折教育的目的不是让孩子感受无尽的困难，而是帮助他们通过应对挫折提升解决问题的能力。当孩子遭遇挫折时，如果父母能够及时给予支持和引导，帮助孩子找到解决问题的思路，而不是完全放手

不管，那么孩子的抗挫能力将会得到更好的培养。因此，家长可以尝试通过讨论和引导，帮助孩子分析问题的根源，并提供一些建议，而不是让孩子独自“硬扛”。

✧ 教会孩子解决问题，而不是只告诉他们“你必须自己解决”

家长让孩子经历挫折，是希望他们能够从中学习到一些有用的东西，得到有用的经验。换言之，挫折教育的关键，是让孩子学会如何解决问题。因此，当孩子遭遇的困境超过他们的承受能力时，家长应该做的，是给予孩子适当的帮助，教会他解决这些问题，而不是放任他们承受伤害。

✧ 教会孩子如何管理情绪，培养应对挫折的心理韧性

挫折不仅仅是一个外部挑战，还会引发孩子的内在情绪反应。家长应当帮助孩子学会处理挫折带来的情绪，比如焦虑、失望或愤怒。家长可以与孩子讨论情绪管理的技巧，帮助他们学会如何在挫折面前保持冷静，重新审视问题。比如，教孩子深呼吸、短暂休息，或者运用其他方式排解负面情绪。

挫折教育有技巧，家长不是裁判，而是教练

场景回放

周末的篮球比赛，是小天期待了很久的活动。比赛前，他每天放学都会去操场练习，希望在比赛中帮助球队赢得胜利。然而，比赛结果却大大出乎他的意料。在一次关键的传球中，小天由于紧张，传错了方向，对方得分，球队最终输了比赛。

比赛结束后，小天非常沮丧，想从爸爸妈妈那里得到一些安慰。没想到，他们不仅没有安慰他，反而像个裁判一样，开始数落他的“错误”。

“你怎么会犯这么严重的错误？”爸爸严肃地说，“你是不是太不专心了？比赛的时候为什么不多观察下呢？这种错误根本不应该犯！你这么大了，还这么粗心，怎么能承担更重要的责任呢？”

妈妈也在一旁附和：“是啊，爸爸说得对，你要好好反思，平时怎

么训练的？你得学会总结，不能再出现同样的失误。”

小天感觉自己像是被审判一样。面对父母一连串的质问和批评，他的情绪彻底崩溃了。他想为自己辩解，又觉得说什么也没用，父母只关心结果，根本不顾他的感受。他低声说道：“我知道了，我就是不够好，以后再也不打比赛了。”

说完，小天跑进房间，关上门，把自己埋进被子里，眼泪终于忍不住掉下来。

爸爸妈妈都愣住了。他们原以为这样“严格”的教育能让小天反思和进步，却没想到，自己的批评反而让孩子更加低落。他们终于意识到，对小天来说，此刻的他真正需要的，是来自父母的理解和宽慰，而非一味指责。

孩子到底怎么了

遭遇失败或挫折时，孩子的自尊心和情绪非常容易受到打击。尤其是前期投入大量时间和精力，最后却因一时失误失败时，孩子内心的自我评价很容易会急剧下降。

这时，他们很容易陷入自我怀疑和自责情绪中，觉得“自己不够好”或“自己不行”。这种情绪状态下，孩子的心灵非常脆弱，他们最需要的是情感安慰和心理支持，而不是父母冷冰冰的批评或评判。

家长对孩子的批评往往是由于对孩子的期望，或者认为严格要求可以让孩子更快成长。然而，事实上，过度的批评只会加重孩子的挫败感。此时，孩子最需要的，是来自父母的支持与安慰。父母给予孩子的情感支持，不仅能够帮助孩子恢复自信，还能让他们从失败中学会如何应对挫折。这种支持不是简单的“没事，你下次会做得更好”，而是体现出对孩子情绪的理解，例如：“我知道你很难过，因为你付出了很多努力。”这样的表达能够让孩子感受到父母的共情，进而减轻他们的负面情绪，帮助他们更好地从挫折中恢复过来。

爸爸妈妈的教育笔记

✧ 做孩子的指导者而非评判者

当孩子在挫折中感到失落时，家长不应急于扮演裁判的角色评判孩子的表现，而是要像教练那样，站在孩子身边，与他共同寻找解决问题的方法。家长可以引导孩子，学会从不同的角度看待失败，让他们知道挫折并不可怕，可怕的是不去面对和改进。

✧ 给予情感支持，帮助孩子建立信心

情感支持是挫折教育中的重要一环。作为“教练”，家长不仅要帮助孩子提升技能，还需要在情感上给予支持，帮助他们恢复信心。比如，家长可以这样说：“我知道你很努力了，失败并不可怕，这正是你下次成功的开始。”这种情感支持能够让孩子感受到家庭的温暖，减少因失败带来的压力。

✧ 用积极的鼓励取代负面的批评

面对孩子的失败，家长应采取积极的态度鼓励他们，而不是冷冰冰的批评。每一个进步都应得到肯定，每一份努力都值得表扬。即便失败，也要让孩子知道，他们在追求目标的过程中已经变得更好。通过正向激励，孩子会更加努力，追求自己所热爱的，并在挑战中不断突破自我。

创伤未必能让人变强，但一定会留下伤疤

场景回放

轩轩从小就是个文静、内向的男孩子。为了让他变得更坚强、勇敢，爸爸决定给他安排一次“锻炼”的机会，带他一起参加户外远足活动。

山路崎岖，天气闷热，轩轩走得越来越慢，呼吸也变得急促起来。虽然他心里很想坚持，但双腿已经发软，汗水顺着脸颊流下来。每当他想停下来休息时，爸爸的声音就会在耳边响起：“坚持住，别总想着退缩，这点困难都克服不了，将来怎么面对人生的大风大浪？”

轩轩感到非常无助，紧紧咬住嘴唇，心里想要大声喊出来：“我走不动了。”不过，他不敢说，因为知道爸爸会说什么——“你就是太弱了，遇到挫折就想着放弃。”

经过一片密林时，轩轩终于崩溃了。他蹲在地上，眼泪无声地滑落，再也不肯往前走。看着儿子这副模样，爸爸先是有些生气：“你哭

什么！一点苦都吃不了，还是个男子汉吗？”但看着儿子瘦弱的身子微微颤抖，一副可怜兮兮的样子，爸爸忽然有些内疚。

回到家后，轩轩一直闷闷不乐。他拒绝和父母分享活动的感受，也不愿再提起爬山的事情。一天晚上，妈妈在给小轩整理书包时，无意中看到他在日记本里写下的一句话：“爸爸总是说挫折让我变强，可为什么我感觉每次都变得更害怕呢？”

这句话像一把利刃刺痛了爸爸和妈妈的心。这一刻，爸爸才意识到，自己的做法似乎并没有让儿子变得坚强，反而让他受了不该有的伤害……

孩子到底怎么了

适度的挑战对孩子的成长是有益的，但关键在于“适度”。当孩子面对的挑战超出他们的能力范围，或父母对挫折的处理方式过于激烈时，这种“挫折教育”就会从培养坚韧转向制造创伤。对于很多孩子来说，创伤并不会自动让他们变得更坚强，反而只会在心里留下深深的伤疤。这些伤疤如果没有得到及时安抚和修复，便可能成为他们内心挥之不去的阴影，甚至影响到孩子未来的发展。

心理学上有一个词叫作心理弹性，指的是人面对挫折和压力时，能够迅速恢复并积极应对的能力。孩子在成长过程中，确实需要经历一定的挫折来培养这种弹性，但如果挫折过度或没有给予正确引导，反而会削弱心理弹性，让孩子选择回避问题，而不是积极面对。

孩子面对挫折时，需要的是情感上的安全感和父母的支持，而不是被迫独自承受痛苦。孩子的内心还在发育，缺乏应对巨大压力的能力，父母作为孩子重要的情感支持者，应该在他们经历失败和挫折时，给予足够的理解和安慰。如果父母不能做到这一点，反而一味强调“挫折会让你变强”，忽视孩子情感的脆弱性，最终只会给孩子造成长期的心理创伤。

爸爸妈妈的教育笔记

✧ 及时关注孩子的情感反应，避免忽视创伤

孩子经历挫折或创伤时，家长第一步要做的是关注孩子的情感反

应，而不是简单地认为“这是成长中的正常部分”。家长要关注孩子的行为变化，及时发现他的焦虑和不安，避免让创伤在孩子的心里变得更深。家长可以通过开放式对话，与孩子讨论他们的感受：“那天你是不是觉得很难受？我知道有时候被别人嘲笑会让人感觉很糟糕。”这种关心和理解能够让孩子感受到父母的支持，明白自己并不是孤立无援的。

✧ 不要将挫折等同于力量，正确看待失败的影响

虽然很多人常说“挫折会让你变得更强”，但这一说法并不完全正确。家长应当认识到，挫折如果没有得到有效的引导，只会成为孩子的创伤。家长应该理解，孩子经历挫折后，可能会出现负面情绪，如自卑、焦虑甚至愤怒，这是非常正常的情绪反应。家长可以通过情感陪伴，帮助孩子缓解这些情绪。

✧ 不要忽视创伤的长期影响，必要时寻求专业帮助

有时，孩子的创伤可能会对他们的长期心理健康产生深远影响。家长应当密切关注孩子的行为变化，特别是在他们出现持久的情绪低落或回避行为时。如果情况比较严重，家长可以考虑寻求心理咨询师的帮助，以帮助孩子更好地处理创伤，恢复心理健康。

笑着成长
一定比哭着成长更好

场景回放

周末午后，阳光洒满客厅，悠悠和小伙伴们在家里玩耍。突然，“砰”的一声，客厅的花瓶被碰倒，碎片散落一地。悠悠吓得愣在原地，满脸的紧张和不知所措。

妈妈闻声走了过来，看到满地的碎片，轻轻地皱了皱眉头。她走到悠悠身边，温和地拍拍她的肩膀：“妈妈知道你不是故意的，但你也需要承担责任，把这些碎片清理干净，好吗？”

悠悠低着头，声音里满是内疚：“对不起，妈妈……我错了。”

妈妈微笑着说：“花瓶碎了可以再买，但你要记得，以后在家里跑的时候要小心一些，避免再碰到这些易碎的东西，好吗？”

悠悠点点头，舒了口气，脸上露出轻松的表情，赶紧帮妈妈一起清理地上的碎片。

这时，邻居阿姨正好来串门，看到这个场景，有些惊讶地问道：

“哎呀，孩子把花瓶打碎了，你怎么不批评他呢？要是我家孩子，早就训他一顿了！”

悠悠的妈妈笑了笑，边整理边回答：“他已经知道做错了，骂她只会让他更紧张和害怕，也解决不了问题。咱们教育孩子，是希望他们能明白道理，让孩子笑着成长，总好过哭着成长！”

孩子到底怎么了

在许多家长的眼中，学习和成长都是一件必须严肃对待的事情，甚至认为，孩子只有经历挫折和流泪，才能真正理解努力和进步的意义。这导致一些孩子从小就被灌输一种错误的观念：只有在痛苦和压力中，才能取得成功。然而，成长真的必须伴随泪水和苦痛吗？

事实是，笑着成长一定比哭着成长更好。真正有效的教育，应该帮助孩子学会在面对困难时保持积极的心态，用笑容迎接挑战。这样孩子才能在挫折中感到快乐，在失败中找到希望。

心理学家班杜拉提出的自我效能感理论表明，孩子面对挑战时，如果得到鼓励和支持，会更愿意尝试和面对问题，认为自己有能力应对困难。相反，过多的批评会削弱孩子的自信，甚至让他们产生自我怀疑。因此，家长在教育孩子时，采用温和、正向的引导方式，其实更符合儿童心理学的规律。

爸爸妈妈的教育笔记

✧ 为孩子创造轻松、愉快的学习环境

学习不应该是枯燥或充满压力的过程。家长可以通过游戏、故事和互动，为孩子营造一个轻松的学习氛围，让孩子在欢笑声中体会到学习知识的乐趣。这样的环境能够激发孩子的学习兴趣，让他们在每一次探索中都能感受到成长的快乐。

✧ 教会孩子笑对困难，以积极的心态面对挫折

孩子在成长过程中不可避免会遇到各种挑战和困难，家长应教会孩子用笑容面对这些挑战和困难。微笑能够帮助孩子舒缓紧张的情

绪，激发他们的内在动力。尤其是当孩子遇到困难时，轻松的心态更能帮助他们找到解决问题的方法。

✧ 幽默是化解压力的最佳手段

当孩子犯错或面临困难时，他们往往会产生焦虑、紧张等负面情绪。如果家长在这个时候表现得过于严肃，可能会让孩子更加紧张和压抑。相反，带点幽默的教育方式能够迅速化解这种紧张情绪，让孩子觉得家长是在以一种轻松的方式和他们对话，进而放下戒备，愿意进行更开放的沟通。而且，当家长用幽默的方式传递规则或要求时，孩子通常会以更积极的态度去接受。

第七章

孩子的强大，来自内心的安全感

——父母的松弛感，影响着孩子的安全感

孩子的内心“堡垒”，源自父母给的“松弛”守护

场景回放

学校准备举办一场演讲比赛，三年级的小亮主动报名参加，这让大家都深感意外。因为小亮是个不善言辞的人，认识他的同学和老师都没想到，他竟然有勇气参加这次比赛。

其实，小亮自己也非常紧张，但妈妈告诉他：“别担心，结果并不重要，重要的是你敢于站上台去挑战自己，这已经很棒了！”

小亮点点头，但心里还是有些忐忑：“妈妈，如果我比赛时忘词了怎么办？会不会很丢脸？”

妈妈轻轻揽住小亮的肩膀，对他说道：“放心，就算忘词了也没关系，大家都会理解的。我们不要求你必须赢，只希望你尽力尝试，失败了也没什么大不了的。”

比赛当天，小亮穿着整洁的校服站在台下。轮到他上台时，他的心怦怦直跳，双手紧紧握着演讲稿。他深吸一口气，走上台，开始了

他的演讲。虽然中途有几次因为紧张停顿了几秒，甚至还忘词了，但小亮没有慌乱，而是迅速调整状态，完成了剩下的演讲。台下的同学和评委都被他的勇气打动了，纷纷报以鼓励的掌声。

比赛结束后，小亮没有获得名次，但走下台时，爸爸妈妈已经等在一旁。他们微笑着迎接他，爸爸还对他竖起大拇指："儿子，你很棒！你能够坚持下来，真的让我们特别自豪！"

孩子到底怎么了

孩子的安全感与父母的支持和理解是密不可分的。在父母的无条件支持和关怀下，孩子能够与之建立起一种安全的依恋关系，这种关系正是孩子面对外界挑战时重要的心理支柱。

当孩子知道，无论成功与否，父母都不会因此责怪自己时，他们内心的安全感会大大提升。这种情感支持不仅会让孩子更加敢于挑战和尝试自己不擅长的领域，并且能帮助他们在遭遇失误和挫折时，保持心理平衡，而不会轻易自我怀疑和自责。

很显然，相对“松弛”的教育方式，能给孩子带来更多的情感支持，帮助他们在轻松的环境中建立起内心的“堡垒”——这种内心的坚强源自父母给予的“松弛”和信任。需要注意的是，“松弛”的守护并不意味着放纵或忽视，而是让孩子在成长的过程中拥有一定的自由和自主权。通过这种守护，孩子能够逐渐学会如何管理自己的情绪和压力，内心的安全感和自信也会随之增强。

爸爸妈妈的教育笔记

✧ 通过情感陪伴，给予孩子内心安全感

父母的情感陪伴，不仅仅是空间上的在场，更包括情感上的关注和共鸣。无论是孩子面对挑战、失败，还是获得成功，父母的情感支持都能让他们感受到一种稳固的依赖。比如，当孩子害怕考试时，父母可以陪着一起复习，告诉孩子不论结果如何，努力过就好。这种基

于情感陪伴建立起来的安全感，会对孩子的自信心和心理韧性产生深远的影响。长期来看，拥有情感支持的孩子更容易形成积极的自我认知和健康的心理状态。

✧ 减少过度控制，增加信任和支持

过度控制和监督会让孩子感到被束缚，甚至可能产生逆反心理。家长可以通过增加信任，减少对孩子学习和生活的干预，帮助他们在轻松的氛围中逐渐形成自我管理的能力。比如，家长可以与孩子一起讨论学习计划，但不要时刻盯着孩子是否按计划执行。这种信任的建立不仅是父母关爱孩子的体现，更是帮助他们构建内心安全感的基石。

✧ 进行积极反馈，帮助孩子建立自信

积极反馈是培养孩子自信的重要手段。它不仅是简单的表扬，而且是一种有针对性的、具体的鼓励；不仅关注孩子的结果，还强调他们在过程中展现出的努力、毅力以及进步。有时候，孩子可能没有在结果上表现得非常完美，但父母仍应关注孩子努力过程中的闪光点。比如，孩子在比赛中未能获奖，父母可以这样反馈："我看到你为了比赛每天都认真练习，你的进步非常大，真的为你感到骄傲。"这种反馈可以帮助孩子意识到自己行为的价值，并从中获得动力。

让孩子明白，“一切都没那么糟”

场景回放

期中考试成绩出来了，真真看着手中的试卷，脸色越来越难看。她的数学只考了 70 分，比预期要低很多。走在回家的路上，她感到一股无形的压力，泪水在眼眶里打转，心里一直想着：“这次完了，妈妈一定会很失望的。”

回到家，妈妈看到真真情绪低落，立刻关心地问：“怎么了，真真？你看起来不太开心。”

真真把试卷递给妈妈，声音低得几乎听不见：“我……这次数学考得不好，只有 70 分。”

妈妈接过试卷，看了一眼，然后坐在真真身边，温柔地问：“你觉得这次考试是哪里出问题了呢？”

真真咬着嘴唇，小声回答：“我在计算题上错了几个地方，觉得自己准备得不够充分。”

妈妈点了点头，耐心地说：“你已经发现问题所在，这就是第一步。我们可以从这里入手，下次再改进。而且，只是一次考试而已，不能决定一切，这事没有那么糟，对吗？”

真真惊讶地看向妈妈：“可是我考得这么不好，你不觉得很糟吗？”

妈妈轻轻笑了笑，说道：“生活中有很多不完美的时刻，但这些不会定义你是谁。跌倒了就爬起来，拍拍灰尘继续走，有什么大不了的呢？”

孩子到底怎么了

孩子经历失败或挫折时，内心往往会产生强烈的负面情绪，如焦虑、自责，甚至恐惧。这时，父母的情感支持能够帮助孩子调节情绪，避免让负面情绪积聚和发酵。就像案例中的真真，正是在妈妈的支持下，学会了以积极的心态面对失败，并从错误中获得了学习的能力。

在这个过程中，父母的耐心和理解尤为重要。父母可以通过倾听和共情，让孩子感受到他们的情绪是被理解和接纳的。这种情感上的认同不仅可以缓解孩子的焦虑，还能增强他们的自尊心和自信心。

情感支持的另一个关键作用是帮助孩子放下对失败的恐惧。父母的鼓励可以让孩子明白，失败不是他们的全部，而是生活中正常的一部分。真真的妈妈正是通过这样一种“失败不可怕”的教育方式，帮助真真从低谷中走出来，逐渐恢复信心和勇气。正因为感受到了来自父母的无条件支持，孩子才会拥有更强的心理韧性，勇敢面对未来的挑战。

爸爸妈妈的教育笔记

✧ 营造情感安全感：无条件接纳

孩子遭遇失败时，往往会感到自责或担心父母失望。父母应先向孩子传递一个明确的信息：无论成功与失败，爸爸妈妈都无条件地接纳和爱他们。接受到情感上的安全感，孩子会意识到，即使失败了，也不会失去父母的爱与支持。这种情感安全感让孩子面对失败时，不会过度担心负面后果，反而能更专注于如何改进和学习。

✧ 避免过度压力：把鼓励的重点放在过程而非结果上

家长鼓励孩子时，应当把重点放在过程中付出的努力上，而不是最终的结果。积极反馈主要集中在孩子的坚持、努力和解决问题的思维方式上。比如当孩子没有在比赛中获奖时，父母可以说："虽然这次没有拿到奖，但我看到你每天都在为比赛努力，已经有了很大的进步。"这样，孩子就会明白，失败并不代表自己没有价值，重要的是持续进步和努力。

✧ 培养成长型思维：相信能力可以通过努力提升

心理学家卡罗尔·德韦克的"成长型思维模式"理论强调，孩子需要相信自己的能力可以通过努力提升，而不是固定不变的。父母应鼓励孩子将失败视为成长的机会，而非个人能力的终极评判。例如，当孩子在学习中遇到困难时，父母可以鼓励他们："没关系，这说明你在学习新的知识，困难是进步的一部分。"这种思维方式能够帮助孩子建立自信，获得持久的动力。

道理的大小有时比事情的大小更重要

场景回放

前些天，诚诚在书房里找东西的时候，不小心把爸爸的钢笔弄掉在地上。由于没有及时捡起来，他一不小心还把钢笔踩坏了。诚诚有些心虚，又感觉不是什么大事，就悄悄地把钢笔丢了。

没想到，妈妈恰好到书房打扫卫生，看到了这一幕，立刻严厉地训斥诚诚："诚诚，你在做什么？做错事情了不用道歉吗？这样太没有担当了！"

虽然事情很小，诚诚心里也觉得妈妈反应过于严厉，但他还是低下头承认了错误，心里不免有些委屈。

几天后，诚诚和妈妈去超市买东西。因为购物车有些问题，不太好操作，诚诚一不小心把购物车撞到货架上，许多货品掉落下来，摔得满地都是。看到这个场面，诚诚被吓得手足无措，泪水在眼眶里打转，心想妈妈这次肯定非常生气。但出乎意料的是，妈妈不仅没有生气，还温柔地安慰他：“没关系，这不是你的错，别担心，咱们一会儿跟超市员工解释一下。”

回家以后，诚诚怎么也想不明白，便问妈妈说：“这次我闯的祸明明比弄坏钢笔更严重，为什么妈妈反而没有骂我呢？”

妈妈微笑着说：“上次妈妈批评你，是因为你明明知道自己做错了事情，却想要逃避责任，这次你不是故意把东西撞掉的，而是一场意外。比起事情的大小，道理的大小才更重要。”

孩子到底怎么了

父母在教育孩子时的一致性和灵活性至关重要。不一致的惩罚方式，尤其是对相似情境的不同处理，容易让孩子感到困惑，甚至产生不安。诚诚妈妈对他两次犯错的不同处理方式，很好地帮助诚诚理解了责任与意外、故意与无意的区别。这不仅有助于诚诚发展道德认知和责任意识，还增强了他的自我效能感和解决问题的能力，是非常值得广大家长借鉴的。

孩子如何看待自己行为的原因，会影响他们对未来类似情境的反应。因此，当孩子犯错时，家长要懂得抓本质，理性分析前因后果，从道理的角度，而不是事情大小的角度对事情做出判断。在灵活的惩戒和清晰的道理解释下，父母可以有效帮助孩子面对错误时学会思考和反思，理解道理的大小有时比事情的大小更为重要。这种教育方式不仅避免了过度惩罚，还培养了孩子面对未来挑战时的自信和应对能力。

爸爸妈妈的教育笔记

✧ 耐心解释行为背后的道理，引导孩子思考

当孩子因为好奇犯下小错误时，家长的第一反应不应是责备，而是解释。比如，当孩子随意采摘花朵时，不要只强调破坏行为，而是要告诉他们，花的生长需要时间和呵护，摘下花朵会影响自然的美丽。通过解释，孩子才能真正理解行为的后果，进而自觉改正自己的错误行为。

✧ 用日常生活中的小事培养孩子的价值观

日常生活中的小事是培育孩子价值观的重要载体。父母在孩子的成长过程中，通过简单的生活细节，可以帮助他们逐渐形成正确的价值观。无论是与家人、朋友的相处，还是面对任务和挑战时的态度，生活中的点点滴滴都蕴含着宝贵的教育机会，在细节教育中，帮助孩子领悟深层次的道理。

✧ 运用合理的惩戒方式，预想惩戒后果

有效的惩戒应具备合理性和教育性。运用合理的惩戒方式，能够让孩子清楚行为与后果之间的联系，并在此过程中学习到如何承担责任。合理的惩戒后果应具备以下特征：与行为的严重性相符，能够帮助孩子反思和学习，不会对孩子的心理造成过度负担。父母可以设定一些与行为相对应的后果，例如“如果没有按时完成家庭作业，孩子将少看半小时电视”，或者“如果打破了家里的物品，孩子需要清理和赔偿”。这种后果明确、公正且具有教育性，能够帮助孩子在适当的范围内承担责任。

父母愿意兜底，是孩子最大的底气

场景回放

周五下午，君君放学回家后，默默地放下书包，便走进房间关上了门，似乎非常沮丧。到了晚饭时间，君君也一直埋头吃饭，显得心事重重。

爸爸看了一眼，有些不满地问道：“你今天是怎么回事？是不是又在学校闯祸了？”君君手一抖，默默地摇了摇头，继续埋头吃饭，一句话都不肯说。

几天后，妈妈接到君君班主任打来的电话，班主任告诉妈妈，前些天，班上一个同学丢了书，大家都怀疑是君君拿的，因为君君是最后一个借阅这本书的人。虽然君君一直否认，但没有人相信他，所以这些日子君君的情绪一直不好，希望家长能注意一下。

挂了电话，妈妈心中充满疑惑和懊悔。她问君君：“你在学校遇到这样的事情，为什么不告诉爸爸妈妈呢？”

君君沉默了一会儿，低声说道："我说了也没用，反正你们不会相信我，只会说我又在撒谎，然后骂我。"他的声音带着些许颤抖，眼里闪烁着委屈的泪光。

听到这些话，爸爸妈妈都愣住了。他们突然意识到，过去每次君君犯错，他们的第一反应都是训斥和责骂；每次君君试图解释，他们都会打断他，认为他是在推卸责任。

看着君君受伤的表情和眼里的不信任，爸爸妈妈心中十分懊悔。

孩子到底怎么了

孩子与父母的关系质量，直接影响着他们的情感安全感和应对压力的方式。孩子在以往的经历中得不到父母的信任和支持，甚至已经习惯父母对他的责备，而不是倾听，自然不会再主动表达自己的感受和做出解释。这种缺乏情感安全感的状态，会导致孩子遇到问题时倾向于自我封闭，甚至对亲密关系感到失望。

心理学家认为，孩子需要在安全的环境中发展自我表达的能力。自我表达能力不仅是沟通能力的体现，更是孩子内在自我意识和情感的外化。如果孩子在家庭中没有机会表达自己，他们很可能在外界也变得不敢表达，长期处于自我压抑的状态，出现退缩行为。

父母的无条件支持和情感上的“兜底”，是孩子成长中至关重要的力量源泉。这种“兜底”不是意味着对孩子的错误或失败进行全盘包容，而是给予他们足够的情感支持和安全感，让他们在尝试中拥有更多的信心和勇气。

爸爸妈妈的教育笔记

✧ 倾听孩子的声音，避免先入为主的批评

父母应该学会倾听孩子的感受和想法，而不是一遇到问题就立即批评或责备。很多时候，孩子可能因为害怕责骂而不愿表达真实的想法。倾听不仅是尊重孩子的表现，更是帮助他们建立自信和提高表达能力的重要步骤。而且，即使孩子确实犯了错，也可以通过讨论而非责备的方式引导他们认识到问题并加以改进，切忌在没有了解全部情况前就下结论，这样可以避免孩子因为害怕被误解而沉默。

✧ 为孩子进行情感兜底，减少他们对失败的恐惧

孩子在成长过程中会遇到各种挫折和误解，他们需要知道，不论发生什么，父母都在背后支持他们。无条件的爱和情感支持能让孩子感受到安全感，这种安全感是他们敢于面对外界压力的基础。家长要向孩子明确传达出“无论发生什么，父母都会支持你”的信息。即使孩子犯了错，也要让他们感到你们会一起面对问题，而不是一味地责罚。

✧ 信任孩子，给予他们一定的决策权

当孩子意识到父母信任他们，并且相信他们有能力处理问题时，他们会更加自信。在日常生活中，父母可以通过赋予孩子适度的决策权，增强他们的自信心和责任感，让他们学会自己解决问题。可以给孩子一定的自由，让他们在某些问题上做出自己的选择，承担相应的责任。例如，允许孩子决定如何完成作业、如何处理人际关系中的小矛盾等。

别让过度保护成为束缚孩子成长的枷锁

场景回放

周末早晨，彤彤揉着惺忪的睡眼，终于在妈妈温柔的催促声中起床了。

今天彤彤要和爸爸妈妈一起去乡下探望爷爷奶奶，买了上午九点的车票，眼看现在已经快八点了，爸爸着急得不行，见妈妈还在帮彤彤穿衣服，不由得着急地喊道："让彤彤自己穿衣服，咱们东西还没收拾好呢！"

妈妈却瞪了爸爸一眼："彤彤哪会自己穿衣服！"

彤彤也奶声奶气地抗议："要妈妈穿！"

爸爸无奈地叹了口气："你都是五年级的大孩子了呀！"

好不容易收拾妥当，刚打开门，一阵微凉的风吹来，妈妈又赶紧折回屋子，拿出一条大围巾把彤彤裹得严严实实。

爸爸无奈极了："这才刚刚入秋，没必要穿那么多。"

妈妈却是满脸担忧：“万一彤彤感冒怎么办？乡下比城里还要冷一些呢……”

看着紧张兮兮，恨不得把彤彤捧在手心，护得密不透风的妻子，爸爸心里却是一阵担忧，这样的过度保护，对彤彤真的好吗？

孩子到底怎么了

在许多家庭中，父母总是因为对孩子的关爱与担忧，习惯性地对他们施加“过度保护”，把孩子包裹在一层厚厚的安全网中，试图避免一切可能的伤害。这样的保护初衷虽好，却往往在无形中成为孩子成长的束缚，限制他们的成长与未来。

从幼年到青春期，孩子会逐步从依赖父母转向独立自主，这是每个孩子必经的成长之路。父母的过度保护显然会干涉这种自然的发展过程，让孩子在需要独立的时刻依然过度依赖父母。这种依赖不仅会影响孩子的日常生活，还会让他们在学校、社交圈等场合中感到无助，难以独自做出决定。所以，家长一定要学会逐渐放手，让孩子在力所能及的事情上自主做决定。

爸爸妈妈的教育笔记

✧ 鼓励孩子自己解决问题，减少过度干预

当孩子遇到问题时，家长应更多地扮演引导者的角色，而非直接干预。毕竟孩子只有通过独立面对问题，才能发展出解决问题的能力和自信心。具体来说，当孩子遇到困难时，家长可以通过提问引导他们自己思考解决问题的办法，而不是直接提供答案。要允许孩子有自己的处理方法，而不是代替他们解决问题，哪怕这个方法不是最优的。

✧ 教会孩子评估风险，而不是替他们规避所有危险

与其替孩子规避生活中的一切风险，不如教会他们如何正确评估风险。家长可以在日常细节中，帮助孩子学会判断哪些行为是安全的，哪些需要注意。比如，教他们过马路、与陌生人交流等，这些技能能让他们面对复杂的情况时更加从容和自信。

✧ 让孩子承担适度的责任，锻炼他们的独立性

成长过程中，责任感是孩子独立发展的重要组成部分。家长可以通过让孩子承担适度的责任，培养他们的独立性。可以让他完成一些简单的任务，学会如何管理自己的时间和生活，培养出应对更大挑战的能力。

第八章

吃苦的本事与享受的底气

——父母最该教给孩子的，是“获得幸福”的能力

吃苦不是目的，成长才是真谛

场景回放

暑假期间，杰宝被父母送到乡下的爷爷奶奶家，说要让他“忆苦思甜”，体验一下“吃苦”的生活。临行前，爸爸还特意交代他：“这次去乡下，不是去玩的。你得学会吃苦，只有吃过苦的人才能变得坚强。”

虽然不太情愿，但杰宝还是踏上了前往乡下的旅途。到了村里，看着爷爷奶奶每天早出晚归的忙碌，杰宝很快就明白了父母口中的“吃苦”是什么意思。

每天早上，天刚蒙蒙亮，爷爷就把杰宝叫醒，让他一起去地里帮忙干农活。到了地里，爷爷递给杰宝一把锄头，让他帮忙翻地。这对从没有干过农活的杰宝来说，简直是个大挑战。

挥舞锄头没几分钟，杰宝就感觉手臂酸痛不已，汗水顺着额头不断往下流。他几次想停下来休息，可爷爷却告诉他：“坚持住，吃点苦不算什么，男子汉就该多吃苦，才能成材。”

尽管累得腰酸背痛，杰宝也只能咬牙坚持，甚至不敢告诉爷爷自己有多么不舒服。一天下来，杰宝的手上就起了水泡，回到家连饭都没有吃多少，就早早躺下了。

日子一天天过去，杰宝每天被爷爷指挥着干各种农活——挑水、搬砖、施肥，一点休息时间都没有。父母则在电话里不断叮嘱：“一定要坚持，吃点苦才能有出息。”

直到有一天，杰宝在帮爷爷搬运一袋重的肥料时，一不小心没有站稳，肥料砸在了他的小腿上。爷爷这才着急地把他送去了医院。

这次意外让杰宝的父母感到非常自责。原本他们让孩子吃苦，是希望他能从中获得成长。可结果呢，一不小心却把“吃苦”当成了目的，反而忽略了孩子真正的感受和安全。

孩子到底怎么了

家长应当知道，虽然适度的挫折教育有助于孩子培养坚韧的品质，但过度强调吃苦，却容易忽视孩子成长中的情感、认知和生理需求。要知道，孩子的成长不仅仅是通过承受痛苦和挑战实现的，吃苦从来不是教育的核心。

相比成年人，孩子年纪尚小，身体承受能力有限，任何安排不当，都可能导致他们身心受到伤害。所以，家长在为孩子设定“吃苦”的任务时，一定要考虑到孩子的实际承受能力，关注孩子的感受和反馈，调整教育方式，避免吃苦成为负担和压力。

总而言之，父母应避免一味追求孩子吃苦的经历，要更多地关注在这一过程中如何培养孩子的心理韧性，通过给予孩子适度的挑战，帮助他们面对困难时保持乐观、积极的态度，同时提供情感支持和应对策略，面对逆境时更具韧性和信心。

爸爸妈妈的教育笔记

✧ 适度安排挑战，避免过度吃苦

家长应当明白，挑战和磨炼是必要的，但过度吃苦只会让孩子感到疲惫和无力。所以，家长应根据孩子的年龄、能力和发展水平，设定合理的任务和挑战，确保这些挑战既有一定的难度，又不会让孩子无法承受。如果挑战任务对孩子来说过于困难，他们可能会产生挫败感，失去自信。

✧ 帮助孩子理解挑战的意义，而不仅仅是吃苦

父母在让孩子经历挑战时，应该向孩子解释这些经历的意义，而不仅仅是为了让他们吃苦。孩子需要理解为什么要面对这些困难，认识到这些挑战将如何帮助他们成长。家长应向孩子传递这样的信息：经历挑战是为了帮助他们提高能力，而不是让他们感到痛苦。家长要强调经历挑战的积极作用，帮助孩子建立更积极的心态。

✧ 尊重孩子的极限，避免过度施压

虽然适度的挑战对孩子的成长有益，但过度的压力可能会对孩子造成心理和身体上的负面影响。家长应关注孩子的极限，避免在他们难以承受时继续施加压力。如果孩子表现出疲劳、焦虑或无力，家长应及时调整任务难度，避免让孩子承受过大的压力。

帮助孩子找到内心的幸福源泉

场景回放

周末早晨，妈妈正准备按照计划带着小羽去公园写生，就见小羽犹犹豫豫地走到自己面前，说道：“妈妈，我不想去写生了，想去打篮球……”

妈妈有些惊讶。小羽一直以来都非常喜欢画画，经常会沉浸在自己的小世界里，描绘各种天马行空的想象。对于他来说，每个周末出去写生是令人再高兴不过的事了。现在为什么突然转变了呢？是发生了什么事情吗？

带着这样的疑虑，妈妈温和地问道：“可以告诉妈妈，为什么突然不想画画了呢？”

小羽低下头，声音低沉：“我每次画的东西，同学们都说看不懂，老师也没有特别表扬过我。我觉得画画再多也没有用，大家都不喜欢。”

妈妈心里一紧，她意识到，小羽不是不喜欢画画，而是因为得不到他人认同，逐渐对自己热爱的事物失去了信心。她温柔地抚摸着小羽的头发，认真说道：“你还记得之前画过的那个宇宙飞船吗？当时你告诉我，你画的不是一艘普通的飞船，而是心中的梦想飞船，能带着你去任何地方。当时你画完后特别开心，那种开心不是因为别人喜欢，而是因为你从画中找到了快乐和成就感。”

听到这些话，小羽的眼睛亮了起来，脑海中浮现那幅让他激动不已的画作。

妈妈接着说道：“孩子，妈妈想告诉你一个秘密，幸福和快乐不一定要来自别人的认同，重要的是你内心真实的感受，你告诉妈妈，真的不喜欢画画了吗？”

小羽沉默了片刻，迷茫的眼中渐渐闪过坚定的微光。他抬起头看向妈妈，坚定地说道：“我喜欢画画！妈妈，我们去写生吧！”

孩子到底怎么了

在孩子的成长过程中，他们常常会被成绩、朋友、社会期望等外在因素困扰，逐渐迷失其中，忽略了内心真正的需求。比如很多孩子，可能在学业和社交上表现优异，但他们的内心却始终感到空虚和不快乐。这往往是因为他们过多地依赖外界认可，从而忽略了自己真正的感受和渴望。

这个时候，父母应该做的，是引导孩子探索其内心真正的需求，找到自己的幸福源泉，而不是一味地追求外界的成就和认可。真正能让孩子感到幸福和满足的，从来不是外界定义的任何标准，而是他们内心感受到的最真实的渴望与满足。

孩子自发地做一件事情，往往有两种动机：一是内在动机，即因为个人兴趣、快乐或成就感而做某件事；二是外在动机，即获得外界认可或奖励来做事。从长远来看，相比外在的奖励或认同，内在的兴趣和满足感更能够让孩子持久地投入并获得幸福感。

爸爸妈妈的教育笔记

✧ 鼓励孩子发现并发展兴趣，找到真正的幸福源泉

在日常生活中留心观察孩子的兴趣点，看看他们做哪些事情时表现得最投入。无论是绘画、音乐、运动还是拼图，家长都应鼓励他们探索和发展这些兴趣。即使孩子选择的兴趣和爱好与家长的期望不同，家长也应该尊重并支持他们，要让孩子感受到自己选择的道路能够带来内在的满足，而不仅仅是取悦他人。

✧ 鼓励内在动机，避免过度依赖外在奖励

为了帮助孩子找到内心的幸福源泉，家长应引导他们将注意力更多地放在内在动机上，而不是过度依赖外在奖励。内在动机能够让孩子在没有外界奖励时，依然保持对一件事情的热情和投入。比如，当孩子完成一幅画时，家长可以说："你在创作过程中看起来很享受，这真是太棒了！"这样，孩子会意识到，创作本身就能带来快乐和满足。

✧ 培养孩子的自我认知，帮助他们找到个人价值

自我认知的培养能够帮助孩子更好地理解自己，发现自己的强项和兴趣点。家长可以通过与孩子的互动，帮助他们认识到哪些事情让自己感到最有意义和幸福。比如，当孩子完成一项任务后，家长可以引导他们把注意力更多地放在完成这项任务的过程中学到的东西和取得的进步，而不是外界的评价。

让孩子在挫折中汲取力量与智慧

场景回放

刚回到家，书包还没有放下，杨帆就扑到爸爸怀里，满脸愧疚地带着哭腔说道：“爸爸，我把实验搞砸了，大家都在等我的数据，可是我没有检查好，全都弄错了，害得项目也延期了。我真是太没用了！”

其实在此之前，爸爸就已经多次提醒过杨帆，要检查好数据，以免出问题。但当时杨帆忙着和小伙伴们打篮球，根本没有把这件事放在心上，才犯下大错。他本以为爸爸一定会严厉地批评他，但没有想到，爸爸不仅没有责怪他，反而轻声说道：“我知道你现在很自责。要不要我们一起来看看，究竟是在哪个环节出了问题？”

杨帆惊讶地看向爸爸：“您不批评我吗？都怪我不听话，太粗心，才会把事情搞砸。”

爸爸却笑道：“错误已经铸成，你也反省过了，我又何必再批评你呢？现在最重要的是，我们得想办法解决问题，弥补错误。如果你能从这次挫折中汲取到力量和智慧，那么它并非毫无意义。”

在爸爸的帮助下，杨帆重新复盘了整个实验过程，认真进行对比和记录，很快就找到了出错的数据。

从那之后，杨帆做事时变得更加细心，每一步都会认真检查，确保不再因为疏忽而出错。

孩子到底怎么了

对于大多数孩子来说，无论是基于何种原因，遭遇挫折后，往往会产生强烈的负面情绪，甚至陷入自我否定或过度焦虑的泥潭。这个时候，他们的感情其实是非常脆弱的，而批评往往会放大孩子对失败的恐惧，让孩子感到羞愧、挫败或产生自我否定的情绪，反而阻碍他们从失败中反思和学习。

其实，对于孩子的成长来说，挫折与失败不全然是坏事。如果孩子在失败、挫折的经历中学会解决问题，增强心理韧性，获得从逆境中汲取力量的能力，那么这次挫折就是有意义的，它将会成为孩子成长的宝贵机会。

在这个过程中，家长的态度和处理方法往往起到决定性的作用。如果家长能够采取积极引导的方式，给予孩子足够的情感支持，帮助孩子从挫折中汲取力量与智慧，那么不仅能增强孩子的自信心和解决问题的能力，还能帮助他们形成积极的归因模式与心理韧性，让孩子在挫折面前学会反思、调整，并从失败中获得成长，为未来的学习和生活打下坚实的心理基础。

爸爸妈妈的教育笔记

✧ 先安抚情绪，再解决问题

孩子面临挫折或失败时，他们的情绪通常比较脆弱。如果家长过于关注谁该负责，孩子可能会感到受挫和压力，甚至陷入自责之中。因此，家长的首要任务应该是帮助孩子调整情绪，让他们感受到父母的支持。比如，家长可以对孩子说：“我知道你现在很难过，我们一起想办法解决，好吗？”

✧ 先解决问题，再界定责任

如果家长一开始就强调责任归属，孩子会因为过度关注自己的失误而忽略解决问题的过程。这不仅可能削弱他们的自信心，还会让他们对挫折产生恐惧。所以这种时候，先寻找解决问题的方案才是最重要的。等到问题解决后，家长可以在合适的时机引导孩子进行反思，帮助孩子总结教训，并让他们明白如何在未来避免类似的错误。

✧ 教会孩子从挫折中汲取成长的力量

每一次挫折都是一次成长的机会。家长应当帮助孩子认识到，挫折不是对能力的否定，而是一个让他们更加坚强的过程。家长可以告诉孩子："每次挫折都是让你变得更坚强的一步，它会让你学会应对更大的挑战。"通过这种引导，孩子能够从失败中学会如何调整心态，并在下一次挑战中更加自信。

教会孩子，如何平衡吃苦与享受

场景回放

假期结束，敏敏坐在书桌前，手里攥着开学摸底考试的试卷，满脸愁容。作为班里的学习委员，这次成绩让她感到非常丢脸。

为了“一雪前耻”，敏敏给自己制订了一个高强度的学习计划：每天都要学习到晚上十一点，周末取消所有休息！

得知敏敏的学习计划后，妈妈担心地提醒：“我知道你很想补上落下的知识，但这样不分昼夜地学习，真的会有效果吗？”

敏敏愣了一下，回想起这几天的拼命补习，虽然确实投入很多时间，但注意力却越来越难以集中，反而没有太大进步。

妈妈接着说：“学习就像跑马拉松，光靠拼命并不能保证效率，劳逸结合才能走得更远。适度休息和放松会帮助你保持精力，让学习更高效。”

敏敏有些不确定：“可是我已经落后了，哪有时间休息？”

妈妈想了想，笑道："不如你先试着调整一下学习计划？反正也不会比现在更糟呀。"

于是，敏敏按照妈妈的建议调整了学习计划，每小时学习后都适当休息。她渐渐发现，注意力比之前更集中，学习效率也有了明显提升。两周后，敏敏的成绩开始回升。她终于明白，过度努力和一味享受都不是长久之计，只有平衡好吃苦与享受，才能取得进步。

孩子到底怎么了

在成长过程中，很多孩子会在"吃苦"和"享受"之间感到困惑。面对学习和娱乐，他们往往更倾向于选择即时的快乐，忽视长远的努力与回报。家长发现孩子沉迷于享受时，又往往会采取限制和干预的方式，强迫孩子“吃苦”，却忽略了如何引导孩子在两者之间找到平衡。

任何事情都讲究一个“度”，一旦过度，即便是好事，也可能造成坏的影响。孩子的成长既需要经历“吃苦”的磨炼，也需要享受适度的“松弛”。只有平衡好吃苦与享受，做到劳逸结合，才能得到理想的结果。

从科学的角度来说，当人的大脑在处理信息时，过多的认知负荷会降低学习效率。因此，适当的休息和放松反而能提高大脑的信息处理能力，使学习更加高效。所以，无论是家长还是孩子，都应该记住，凡事过犹不及，不管是吃苦还是享受，都应该有“度”。只有找到其中的平衡点，孩子才能更好地迎接生活中的各种挑战，保持身心健康发展。

爸爸妈妈的教育笔记

✧让孩子明白，努力与享受并不冲突

很多家长会将“吃苦”与“享受”对立起来，认为只有吃苦才能让孩子成功，但实际上，两者是可以共存的。适度休息和享受不仅不会影响孩子的学习成绩，反而能够提高学习效率，增强孩子的幸福感，从而帮助孩子培养更加健康的学习和生活方式。

✧ 使用“番茄工作法”，时间安排科学、合理

番茄工作法是一种时间管理方法，可以让孩子保持专注和定期休息。具体做法是，设置 25 分钟的学习时间，之后休息 5 分钟，循环进行。这种方法有助于提高孩子的学习效率，同时避免过度疲劳。使用这种方法，家长可以更好地帮助孩子在学习和休息之间找到平衡点。如此，孩子不仅可以保持良好的学习状态，也可以通过休息恢复精力。

✧ 帮助孩子识别疲劳信号，提升自我调节能力

家长需要教会孩子识别自己的疲劳信号，比如注意力下降、效率低下或感觉情绪不佳。一旦出现这些状况，就意味着疲劳感和倦怠感已经出现，这时候，家长应鼓励孩子适当休息，而不是继续勉强自己。学习结束后，家长可以引导孩子反思学习效果，帮助他们找到学习和休息的最佳平衡点。

幸福不是终点，而是持续的过程

场景回放

经过一个月的努力练习，倩倩如愿以偿地拿到钢琴比赛的一等奖。短暂的兴奋之后，她却觉得，自己似乎并没有想象中那么开心，心头反而涌上了淡淡的失落。

妈妈注意到她的情绪，轻声问道：“倩倩，怎么了？你不是很期待这个奖吗？”

倩倩叹了口气，小大人一般地说道：“我以为拿到奖后会很开心，但现在又觉得好像没什么特别的，是不是幸福只是一瞬间？”

听到这话，妈妈忍不住笑了起来，轻声说道：“幸福不只是一个目标，它是一段持续的过程。还记得你每天练习钢琴、克服困难的那些时刻吗？那时候的你，笑得那么开心，难道不是因为感受到幸福了吗？”

倩倩迟疑地点了点头：“那时候确实很开心，但我一直以为，只有拿到奖才会真正感到幸福。”

妈妈点点头：“当然，获奖是一件开心的事，但幸福不仅仅在于终点。你的每一次努力，每一次收获，每一次发自内心的笑容，不都是幸福的过程吗？”

在妈妈的引导下，倩倩回忆起自己努力练琴的那些瞬间，脸上渐渐露出了笑容：“原来幸福一直都在，只是我没有注意到。”这一刻，倩倩终于明白，原来幸福不在终点，而在她努力的每一天。

孩子到底怎么了

许多孩子在成长的过程中，常常被灌输一种观念：只有实现某个明确的目标，才能获得真正的幸福。于是，他们把幸福视作终点，把生活中的所有精力都放在追求结果上，甚至对目标和成功产生过高的情绪预期，期待达到目标后会有极大的喜悦和满足。然而，当目标实现后，他们可能会发现预期的情感体验并未如期到来，进而感到失落或困惑。

但实际上，真正的幸福，不是在某个瞬间达到的顶点，而是体现在不断追寻和努力的过程中。家长需要通过讨论和启发，帮助孩子去理解幸福，接纳幸福，从而更好地帮助孩子应对情绪起伏，培养健康的心理发展方式，为孩子形成长期的幸福感打下基础。

当孩子明白，幸福不仅仅是结果，更是日复一日的努力与进步时，他们就会拥有更多的动力去面对生活中的各种挑战。他们会明白，幸福是一个持续的过程，而不是一个遥远的、无法企及的终点。哪怕在平凡的生活中，幸福也从来不会缺席。

爸爸妈妈的教育笔记

✧ 引导孩子享受每一步的努力，而不仅仅追求结果

幸福感需要通过日常生活中的点滴体验来积累。家长可以通过简单的日常活动帮助孩子认识到，幸福不仅仅在于达成某个目标，而是在于每一步的体验和成长。比如，家长可以和孩子一起做饭、旅

行、玩游戏，让孩子体验到这些活动的乐趣，而不是仅仅期待最终的成果。

✧ 帮助孩子认识到幸福是动态的，而非静态的

孩子需要明白，幸福不是一种固定的状态，而是随着生活中的点滴变化的。家长可以通过分享自己生活中的经历，让孩子明白，幸福感可以来自小小的日常成就，或与家人的温暖时刻。当孩子过度关注结果时，家长可以提醒他们享受追求目标的过程。

✧ 培养孩子的感恩之心，教会他们珍惜当下的幸福感

鼓励孩子每天花一点时间回忆当天发生的美好事情，可以帮助他们养成积极的心态，学会欣赏生活中的点滴幸福。这种习惯能让孩子更容易发现生活中的“小确幸”，而不是只盯着未实现的目标或想要得到的东西。可以鼓励孩子每天写一两件让他们感激的事情，比如“今天朋友和我分享了他的小零食”“妈妈帮我解决了一个难题”。养成这样的习惯，孩子能够更有意识地关注生活中的美好。

第九章

孩子需要对话，而非命令

——心平气和，让沟通保持松弛感

命令的弊端：为何孩子抗拒被指挥

场景回放

周六早上，文文正在专心搭建积木，妈妈的声音突然从厨房传来：“文文，快去收拾东西，马上要出门了！”文文放下手中的积木，皱起眉头，但是没有动。妈妈又催促了一遍：“别磨蹭，赶紧去！”

文文不情愿地站起来，嘟囔道：“我还没有玩完呢，为什么总是这么急？”

爸爸注意到文文的不满，无奈地对妈妈说：“文文是怎么回事？每次让他干点事，都拖拖拉拉的。”

妈妈也叹气道：“我也不知道为什么，每次都要催好几遍。”

听到爸爸妈妈的叹息，文文也爆发了：“你们总是让我做这做那，我一点自由时间都没有！”说完，重重地关上了门。

爸爸若有所思地想了想，走到文文房门前，轻声敲了敲：“文文，出来跟我谈谈，好吗？”

过了一会儿，文文从门缝里探出头，委屈地说："为什么你们总是在命令我？我也想自己决定做什么。"

爸爸理解地点了点头："我们是不是可以换一种方式？你自己安排时间完成该做的事，比如你可以告诉我们，什么时候去收拾房间。"

文文想了想，说道："我可以先把积木搭完，十五分钟后再收拾房间吗？"

爸爸笑了："当然可以。我们希望你有时间玩，也希望你学会做好自己的事情。"

最终，文文按时收拾好了房间，还主动完成了其他家务。他觉得自己有了更多的选择权，家里也减少了争执。

孩子到底怎么了

在许多家庭中，家长常常习惯于采用命令的方式与孩子沟通，但很显然，这种沟通方式往往很难达到家长所期望的结果。

其实，孩子抗拒被指挥的根本原因在于他们渴望被尊重和理解，命令式的沟通则往往会让孩子觉得自己像是执行命令的“机器”，而不是有思想和感受的人。这种被“压迫”和被忽略的感觉，往往容易导致孩子产生逆反心理，甚至故意不配合。

换言之，很多时候，孩子抗拒的其实不是完成任务本身，而是对被迫服从指令感到不满。如果家长能够减少命令的语气，用尊重与平等的沟通方式和孩子交流，给予他们更多的选择与自主权，反而更能激发孩子的合作意愿。当他们觉得自己被理解、被尊重时，会更愿意接受任务，并以积极的态度去完成。

因此，父母在教育孩子的过程中应注重情感支持与沟通技巧，从权威型逐渐转向支持型，帮助孩子在独立性与责任感之间找到平衡，从而更好地合作与成长。

爸爸妈妈的教育笔记

✧ 提供选择权，减少对孩子的命令式指挥

当孩子感到自己有选择时，他们会更愿意承担责任并做出决策。因此，家长希望孩子能完成某项任务时，可以给孩子一定的选择权，而不是直接下命令。比如，可以对孩子说：“今天你是先写作业，还是

先收拾房间？你可以确定一个顺序，但都需要完成。”当父母给予孩子更多的选择权时，他们会感到自己拥有一定的自主权，不再只是被动地接受命令。这可以减少他们的反抗情绪。

✧ 用合作代替命令，增强孩子的责任感

让孩子参与任务的讨论和决定，而不是简单地发出指令，这种合作式的沟通可以让孩子感到自己被尊重，同时也能激发他们的责任感和参与感。比如，需要孩子完成一些任务时，可以和孩子一起讨论，共同制订计划。这样一来，孩子就会天然产生一份责任感，做起事情来自然会更加积极、主动。

✧ 通过协商设置明确的期望和边界

尽管赋予孩子选择权是必要的，但家长也需要设定清晰的期望和边界，避免让孩子觉得一切都可以随心所欲。比如，父母可以和孩子一起商量何时完成任务，设定灵活但清晰的时间界限。为了让孩子更加明确任务的必要性和重要性，父母在为孩子布置任务时，也要让他们明白，究竟为什么需要完成任务，以及完成这项任务可以带来哪些好处。

有效沟通的前提，是保持心平气和的松弛感

场景回放

快到吃饭时间了，妈妈从厨房走出来，就看到儿子晓光正盯着作业本发呆，一个字也没有写。妈妈不禁有些急躁，催促道：“发什么呆呢？怎么还没有开始写作业？马上就要吃饭了，写不完怎么办？”

晓光看了妈妈一眼，抱怨道：“我不想写，太多了，太烦了。”

妈妈顿时皱起眉头，眼看一场“大战”即将爆发，爸爸赶紧过来“灭火”。他坐在晓光身边，温和地问：“今天作业是不是特别多？感觉压力大吗？”

晓光委屈地点点头：“每次一写作业，妈妈就老是催，我更写不下去了。”

爸爸点了点头：“我明白，有时候催促确实会让人觉得紧张，那你觉得怎么安排，能让你轻松些？”

晓光想了想，低声说：“我想先休息一会儿，再写作业。”

爸爸微笑着说："好啊，咱们再慢慢完成，好不好？"

晓光点头同意了。晚饭后，没等爸爸催促，晓光就已经主动写作业，并很快就完成了。

孩子到底怎么了

许多家长面对孩子的学业或其他问题时，常常带着急躁的心态，急于寻找解决的办法。这种紧绷的情绪在沟通中往往会不自觉地传递给孩子，使他们感受到父母的压力和不满，从而无法心平气和地表达自己的真实想法。

要知道，孩子面对挑战时，需要的是情感支持而非增加压力。父母的情绪传递对孩子的情绪调节起着重要的作用。如果父母能保持冷静，理性地与孩子沟通，那么孩子的压力也会随之减轻。

有效沟通的前提，是双方都能保持心平气和的松弛感。只有当家长不再焦虑，以宽容、理解的态度和孩子沟通时，孩子才会真正愿意敞开心扉，自由表达内心的困惑和情绪，而不必担心被批评或责备。

爸爸妈妈的教育笔记

✧ 控制情绪，避免反应过激

在与孩子沟通时，家长要学会先管理好自己的情绪，避免急躁反应。当感到情绪上升时，家长可以深呼吸几次，或者暂时离开一下，让自己冷静下来再与孩子沟通。要记住时刻告诫自己，沟通的首要目标是理解孩子，而不是立即纠正他们的问题。

✧ 采用温和语气，避免强势表达

语气对双方沟通的影响极大。强硬、命令式的语气容易让孩子感到被压迫，从而激发反抗情绪。所以，即便在孩子出现错误或不合作时，也要保持语调平和，避免过度责备。在沟通过程中，尽量避免使用“你怎么总是这样？”“你为什么老是不听话？”之类的语言，可以改为：“我注意到你今天好像不太专心，是有什么事让你分心了吗？”

✧ 耐心倾听，不要打断孩子的发言

无论孩子的表达是否清晰，家长都应该让孩子把话说完后再回应，不要轻易打断或替他们下结论。这会让孩子感到被尊重，同时也能帮助家长了解孩子的真正需求。

有些话，孩子只愿意告诉朋友

场景回放

自从上了三年级，婷婷就变得越来越安静，回到家后总是做完作业就回到房间，鲜少主动和父母交流。妈妈看着婷婷的变化，心里满是疑惑。一天晚饭后，妈妈试探性地问:“婷婷，你最近在学校里怎么样？有没有什么有趣的事，可以跟妈妈分享一下？”

婷婷没有抬头，低声说:“没什么特别的，就是和同学一起玩。”说完，她继续埋头吃饭，明显不想多说什么。

妈妈心里有些失落，继续追问:“那和同学玩得开心吗？最近和谁关系比较好呀？”

婷婷停了几秒，勉强回应了一句:“还行，跟小乐玩得挺好的。”

妈妈皱了皱眉头，想着之前婷婷每次遇到什么事情，都会第一时间跟自己分享，而现在似乎更愿意把这些话告诉朋友。她小心翼翼地问:“你要是有什么事，也可以和妈妈聊聊，我们以前不是聊得挺好的吗？”

婷婷抬起头，眼神中带着些许困惑和抗拒：“没什么能聊的，妈妈，你别总是问东问西了。”

听到这句话，妈妈有点难过，愣了一下：“妈妈只是关心你，觉得你最近不太愿意和我们说话了。”

婷婷低下头，小声说：“我知道你关心我，但有些事还是和朋友说比较好，他们也懂我的想法……”

看着婷婷拒绝交流的样子，妈妈既困惑又无奈：为什么孩子这么抗拒和家长交流呢？

孩子到底怎么了

孩子更愿意和朋友交流，而不是父母。一方面，父母和孩子之间有较大的年龄差距，生活环境、思想观念和沟通方式都有较大不同。父母可能更倾向于用自己的经验和角度看待问题，孩子则更希望获得理解和认可。这种差异导致孩子更愿意与同龄人交流，因为朋友之间更能分享相似的经历和感受。

另一方面，父母在家庭中常常扮演着权威者的角色。这让孩子在表达内心想法时，可能会感到不自在，担心因为自己的一些想法不符合父母的期望而被批评或指责。相反，朋友之间的互动更平等，也更容易营造自由交流的氛围。

况且，朋友之间由于处于相同的成长阶段，更容易在情感上产生共鸣。孩子在与朋友的交谈中，更容易产生“我懂你”的感受，而这种理解对他们来说十分重要，特别是在他们经历情绪波动或困惑的时候。

爸爸妈妈的教育笔记

✧ 减少说教，避免灌输式沟通

在与孩子沟通的过程中，家长应尽量减少说教，更多地倾听孩子的想法。当孩子遇到问题或产生困惑时，不要急着给出建议或意见，这可能会让孩子感到被干涉了。家长可以多给孩子一些表达的空间，让他们自己说出困惑、感受和想法。

✧ 学会站在孩子的角度思考问题，而非用成人的标准评判

很多时候，父母习惯用成年人的眼光审视孩子的问题。这容易让孩子感到被低估或不被理解。在孩子的世界里，很多小事对他们来说都是重大事件。父母应该学会换位思考，避免用成人的标准评判孩子的情感，这样才能拉近亲子间的距离，让孩子更愿意与父母沟通。

✧ 创造平等的对话空间

在和孩子沟通时，家长应放下“我知道的比你多”或“我是权威”的态度，以一种平等姿态和孩子交流，让孩子感觉到他们的想法和意见同样重要，而不是仅仅听取父母的“指示”。即使孩子的想法不成熟或不够正确，也不要急于纠正，可以通过提问或分享经历的方式，引导他们思考更多的可能性，让孩子觉得自己的想法是被认可和重视的。

放下家长的架子，与孩子轻松交谈

场景回放

最近，老蒋心里觉得特别委屈。每次他和儿子小蒋交流，结局都是不欢而散，但儿子和妻子总是谈笑风生。某天晚饭后，老蒋终于忍不住向妻子抱怨："为什么他跟你聊得那么好，跟我说两句就闹脾气？"

妻子白了老蒋一眼，说道："你总端着家长的架子，谁愿意跟你聊？每次和儿子说话，说不上两句，你就训他，他怎么会愿意跟你沟通呢？"

老蒋不服："我这不是为了他好吗？想让他多听听我的建议。"

妻子摇摇头："你那是建议吗？那是命令！儿子虽然年纪小，但不是什么都不懂，他也有自己的想法和自尊。你不如试着放下架子，和他像朋友一样说话试试。"

听了妻子的话，老蒋决定改变一下。他敲了敲儿子的房门，语气柔和地说："儿子，爸爸想和你聊聊，可以吗？"

小蒋有些意外，迟疑了一下，还是让老蒋进来了。老蒋坐到小蒋身边，放缓语气说道：“儿子，爸爸是不是平时说话太严厉了，所以你才不愿意和爸爸沟通？”

小蒋瞥了父亲一眼，犹豫了一会儿才低声说道：“是啊，爸爸。你一开口就骂我，我都不知道该和你说什么。”

老蒋叹了口气，说：“对不起，爸爸会改。以后我们好好聊，不吵架，好吗？”

小蒋终于露出一丝笑容：“那可是你说的！”

这一次，父子俩轻松地聊了许久，没有争吵。

孩子到底怎么了

很多家长在与孩子沟通时，常常会不自觉地摆出一副高高在上的态度，仿佛这样才能彰显自己的权威。然而，正是这种态度，让孩子在面对家长时，失去了表达的欲望，逐渐在内心筑起一道高墙，拒绝与家长沟通。

孩子在成长过程中，渴望拥有更多的独立空间和表达机会。如果父母在沟通中始终以“权威者”的姿态出现，孩子会感到自己处于被审视、被管理的位置，而不是被平等对待。这种缺乏平等感的沟通，让孩子觉得很难敞开心扉，导致他们在和家长交流时变得沉默或敷衍。

孩子需要的不是一个时刻下命令的家长，而是一个能够理解他们、愿意蹲下身来倾听他们的朋友。当家长放下自己的架子，以一种平等的态度与孩子交谈时，孩子才能感受到那份真诚的关心和关怀，才会更加愿意表达内心的想法。沟通不是为了训斥和教育，而是建立一种信任和理解的关系。

爸爸妈妈的教育笔记

✧ 调整沟通姿态，避免“教育式”对话

孩子在与父母的交流中，往往更希望得到理解和支持，而不是单纯的说教。他们需要的是引导而非强加，是共同探讨而非单向灌输。因此，家长应该把自己当作孩子的朋友、顾问，而非扮演权威的角色。

当孩子感到自己被尊重、被理解时，他们才会愿意打开心扉，与家长进行真诚的沟通与交流。

✧ 用平等的语气交流，让孩子感到被尊重

与孩子交流时，家长要尽量避免使用命令式或指责式的语言，以平等的语气和孩子交流，让他们感受到自己在家庭中的重要性。这种平等的交流方式，能让孩子感到自己有发言权，更容易参与到对话中。

✧ 通过非语言沟通增加亲子互动的轻松感

有时候，语言沟通可能会让孩子感到压力，家长可以通过非语言的方式增加互动的轻松感。比如，和孩子一起看电影、打篮球或做手工。这些活动不仅能增进亲子关系，还能为日后对话创造更多的共同话题。

沟通不只是结果，还包括过程

场景回放

陆洲刚放学回家，妈妈就注意到了他脸上的伤痕和明显不对劲的情绪。霎时间，各种有关“校园霸凌”的新闻纷纷涌进脑海。妈妈赶紧抓住陆洲，语气急切地问道：“这是怎么了？是不是学校有人欺负你了？”

陆洲嘟着嘴，没有直接回答，只是冷淡地说了一句：“没什么，学校的事，你们大人不会懂的。”

听到这些话，妈妈心里更着急了，语气也变得严厉起来：“你这样回答妈妈是什么意思？有什么事就说出来，不沟通怎么解决问题？”

陆洲见妈妈急躁的样子，反而更不想说话了，转过头去，默不作声。感受到儿子充满抵触的情绪，妈妈意识到自己着急的态度起了反作用。她深吸一口气，平复了情绪，才缓缓坐到陆洲身边，温柔地说道：“儿子，妈妈不是想责怪你，只是想了解发生了什么。我们可以慢慢聊，即便解决不了问题，把事情说出来，你心里也能轻松一些，不是吗？”

见妈妈态度缓和，陆洲沉默了一会儿，终于开口说道：“今天我和大勇吵架了，后面还打了起来，因为他嘲笑我在比赛中输了，我真的很生气……”

在妈妈的耐心引导下，陆洲把心中的烦恼倾吐出来。虽然最后没有探讨出一个解决问题的完美方案，但陆洲的情绪明显平复了许多。

孩子到底怎么了

很多家长和孩子沟通时，总是带有明确的目的性，急于知道问题的答案或希望孩子立刻改正错误。但实际上，沟通的核心不是寻找一个完美的解决方案，而是让孩子在这个过程中感受到被倾听和被理解。

沟通的本质是情感的交流与理解。家长与孩子之间的沟通，不仅仅是信息的传递，更是情感的共鸣与理解的深化。在这个过程中，家长通过倾听孩子的心声，了解他们的想法、需求和困惑，能够更准确地把握孩子的成长脉搏，给予适时的引导和支持。同时，孩子也能感受到家长的关爱与理解，从而增强自信心，形成积极向上的心态。

如果家长过于注重沟通的结果，如孩子的学习成绩、行为表现等，却忽视沟通的过程，那么就可能导致孩子感受到压力与束缚，认为与家长沟通是一件不愉快的事情，从而不愿意敞开心扉，与家长分享自己的想法和感受，甚至造成亲子关系的疏远与隔阂。

爸爸妈妈的教育笔记

✧ 关注沟通中的情感连接，不仅仅是问题的答案

当孩子遇到问题时，家长的第一反应通常是试图找到解决方案。然而，孩子在困境中的情感需求往往比解决问题本身更重要。如果家长只着眼于“怎么解决问题”，而忽略孩子的感受，孩子可能会觉得自己的情绪不被重视，进而失去表达和寻求帮助的意愿。

✧ 把单向提问转变为双向讨论

很多家长和孩子沟通时，往往习惯于通过提问了解孩子的学习或

生活情况，比如：“这次考试考得怎么样？”“作业完成了吗？”这种只关心结果、不探讨过程的问题，只会让孩子感到莫大的压力和不知所措。要想和孩子建立良好的沟通，家长要学会把单向提问转变为双向讨论，以此增强和孩子的互动。比如，可以把问题转换为：“你觉得这次考试的难点在哪里？”“在写作业的过程中，有没有遇到什么难题？”

✧ 创造合作的氛围，增强亲子关系

沟通不仅仅是信息的传递，也是建立情感连接的机会。家长在沟通中关注过程，意味着他们在与孩子共同面对挑战。这有助于增进彼此的理解和信任。比如，当孩子因为某个活动失败而感到沮丧时，家长可以通过与孩子一起讨论失败的原因和解决方法建立合作关系：“我们一起来看看是什么原因导致了这个结果，你觉得下次怎么做，可以得到更好的效果？”这样，孩子不会感到孤立无援，而是知道家长会和自己一起面对挑战、解决问题。